고사성어로 풀어보는 테니스 세상

고사성어로 풀어보는 테니스 세상

발행일	2024년 10월 21일		
지은이	조원준		
펴낸이	손형국		
펴낸곳	(주)북랩		
편집인	선일영	편집	김은수, 배진용, 김현아, 김다빈, 김부경
디자인	이현수, 김민하, 임진형, 안유경, 최성경	제작	박기성, 구성우, 이창영, 배상진
마케팅	김회란, 박진관		
출판등록	2004. 12. 1(제2012-000051호)		
주소	서울특별시 금천구 가산디지털 1로 168, 우림라이온스밸리 B동 B111호, B113~115호		
홈페이지	www.book.co.kr		
전화번호	(02)2026-5777	팩스	(02)3159-9637

ISBN	979-11-7224-343-2 03150(종이책)	979-11-7224-344-9 05150(전자책)

(주)북랩 성공출판의 파트너

북랩 홈페이지와 패밀리 사이트에서 다양한 출판 솔루션을 만나 보세요!

홈페이지 book.co.kr • **블로그** blog.naver.com/essaybook • **출판문의** text@book.co.kr

작가 연락처 문의 ▸ ask.book.co.kr

작가 연락처는 개인정보이므로 북랩에서 알려드릴 수 없습니다.

테니스 코트에서 배운 35년간의 삶의 지혜

고사성어로 풀어보는
테니스 세상

조원준 지음

북랩

이 책은 일반인이 쉬이 찾지 않는 도서 장르인 고전(古典)과 역시 비관심 분야인 스포츠 테니스를 주제로 삼아서 둘의 내용을 같은 맥락으로 연결시켜 보는 최초의 시도입니다.

고전(古典)이란 동서양과 시대를 뛰어넘어 변함없이 읽을 만한 가치를 지닌 옛 성현들의 가르침입니다.

그 시대를 살지 않았어도 인간의 사고방식이나 생활 습관은 그때나 지금과 별반 다름이 없음은 그것들이 어떤 형태로 나타나든지 시대만 달리할 뿐 인간 본연의 모습은 그대로 이어지고 있어 고전(古典)을 통한 배움이 있다면 이는 일상의 삶뿐만 아니라 스포츠에서도 적용이 된다고 봅니다.

『고사성어로 풀어보는 테니스 세상』은 국내에서 발행됐던 기존의 기술서나 개론서와는 차원이 다른 '테니스의 명심보감'입니다.

그 내용은 스포츠 중에 가장 어렵다는 테니스의 매력과 참맛을 느끼게 해주는 과정과 규칙과 매너 갖추기, 멘털의 지배를 가장 많이 받는 경기에서 고비가 찾아왔을 때 마인드 컨트롤, 병법과 지혜를 통해 습득하는 전략과 전술, 좋은 인간관계를 형성하기 위한 약자의 처세나 강자가 베풀어야 하는 배려심 등 테니스 입문자의 필독서입니다.

　다 알아갈 수는 없어도 책을 통해 한 줄의 글이라도 독자의 머리에서 남게 된다면 테니스 세상에서는 지침서로 우리들의 일상에서는 좋은 책으로서 늘 곁에 두고 읽게 될 것입니다.

조원준

목차

하나 | 고전과 테니스

둘 | 테니스 사자성어

하나.
고전과 테니스

자승자강

> **자승자강(自勝者强).**
> 나 자신과 싸워 이기는 자가 진정 강한 자라는 뜻.

사람들이 실패하는 원인이 무엇일까?

아마 그 자신의 마음이 먼저 굴복하는 데 있을 거다.

마음으로 이기는 것이 참으로 이기는 것이다.

자신을 아는 사람은 밖의 사물(事物)에 미혹(迷惑)되지 않는다. 안으로 힘을 길러 자신을 이기는 사람이 더욱 강한 것이다. 이런 사람은 자기를 알아서 자신의 부족한 점을 보완(補完)한다. '근면역행(勤勉力行)'하는 것이다.

석가께서도 「모든 것이 오직 마음에서 만들어진다.

(一切唯心造)」라고 하셨다. 승패(勝敗)도 마음먹기에 따라 가려진다는 말씀 아닐까?

우리는 경기를 하다 보면 다양한 상황을 맞이하게 된다. 특히, 중요한 경기 타이트한 게임에서는 평상시 기량 외적인 부분이 영향을 끼치는데 심리적인 요인이 발생한 거다.

팽팽한 접전일수록 생기는 심리적인 부담과 만만찮은 상대를 만나 나의 한계를 느껴가며 생기는 무기력증.

타이브레이크 첫 서브를 더블폴트 한다거나 꼭 잡아야만 하는 스코어에서 머뭇거린 스윙으로 리턴 볼을 넘기지 못한다거나 심리적인 부담이 여러 형태의 모습으로 노출된다.

내가 긴장하여 위축되었다고 하여 나의 서브를 제 파트너가 대신하여 넣을 수도 없고, 또 내가 받는 리턴 볼도 제 파트너가 받을 수는 없기에 어려운 상황이 오더라도 누가 대신해 줄 수 없는 나와의 경기, 이것을 극복하지 않고서는 제 기량을 절대로 발휘할 수 없는 것.

그리고 보면 테니스 게임 풀이는
어려운 순간이 찾아올 때 최종적으로
나를 이겨내야만 하는, 아주 조용히 치러야 할
나 자신과의 전쟁 같다는 생각이 든다.

군자삼변

군자삼변(君子三變)
'세 번 변하는 사람이 진정한 군자'

『논어』 중

사람을 평가하는 것을 품인(品人)이라고 한다. 品人, 즉 사람을 평가할 때는 어떤 것을 기준으로 삼을 것인가가 무엇보다도 중요하다. 그 기준에 따라 전혀 다른 결과가 나올 수 있기 때문이다.

엄격한 사람, 따뜻한 사람, 논리적인 사람 등 세상에는 정말 다양한 사람이 있다. 그 다양한 사람의 유형 중에 어떤 사람이 가장 나은 사람이냐는 질문은 참으로 어리석은 질문이 아닐 수 없다.

그런데 그런 우문(愚問)에 현답(賢答)을 내놓은 사람이 있다. 바로 공자(孔子)다.

공자는 『논어』에서 엄숙함, 따뜻함, 그리고 논리력을 모두 갖춘 사람을 삼변(三變)이라고 한다. 그러니까 세 가지 서로 다른 모습을 그 사람에게서 찾을 수 있다는 뜻이다.

일변(一變)은 멀리서 바라보면 엄숙함을 느낄 수 있는 사람이다.

이변(二變)은 멀리서 보면 엄숙한 사람인데 가까이 다가가서 보면 따뜻함이 느껴지는 사람, 엄숙하지만 또 다른 모습으로 겉은 엄숙하지만 가까이 다가가면 속은 따뜻한 사람이다.

삼변(三變)은 그 사람의 말을 들어보면 정확한 논리가 서 있는 사람이다. 종합하면 외면의 엄숙함과 내면의 따뜻함에 논리적인 언행까지 더해져 이른바 최상의 사람이라는 뜻이다.

망지엄연(望之儼然), 멀리서 바라보면 엄숙한 사람,

즉지야온(卽之也溫), 가까이 다가가면 따뜻한 사람,

청기언야려(聽其言也厲), 말을 들어보면 합리적인 사람.

"나는 한 가지 모습으로만 기억되는 사람이 아닐까?"

'나는 한 가지 구질로만 상대와 실력을 겨루는 것이 아닐까?'

테니스 스트로크나 서브에서 사용하는 구질은 플랫, 슬라이스, 톱스핀 이렇게 세 가지가 있는데 테니스가 어려운 이유는 날아오는 볼의 상태(구질, 거리, 속도, 각도, 높낮이)가 다 다르기 때문이다.

물론 다양한 구질의 볼을 스스로 구사할 줄도 알아야 하지만 상대의 구실과 스타일 특성 등을 파악해야 이에 대응할 수 있는 게임의 전략과 전술을 펼칠 수가 있음이다.

　군자삼변(君子三變)이라고 세 번 변하는 사람이 진정한 군자라면, 테니스에서는 세 가지 구질을 사용은 물론, 그 이상의 변화되는 볼에 대해서도 강약 조절까지 대처가 가능한 사람이 진정한 고수가 아닐까?

어목혼주

어목혼주(魚目混珠).
물고기의 눈알과 구슬이 뒤섞이다, 가짜를 진짜로 속이다.

물고기의 눈알(魚目)과 진주가 섞여 있다(混珠)는 것은 가짜와 진짜가 뒤섞여 있는 상태를 말하며 거기서 나아가 가짜를 진짜로 가장하여 상대방을 속이는 행위를 나타내기도 한다.

이 성어는 비슷하게 여러 곳에서 출전하는데 그중 하나로 전한(前漢)의 학자 韓嬰(한영)이 저술한 「한시외전(韓詩外傳)」에는 '흰 뼈는 상아와 비슷하고 물고기 눈알은 구슬과 비슷하다(백골유상 어목사주/白骨類象 魚目似珠).'라는 구절이 실려 있다.

또 일상에서 '가짜가 진짜를 뺨 친다.'라고 흔히 말하기도 하는데 정교하게 이는 모방한 가짜가 더 진짜 같다는 소리를 말함이다.

스포츠에서 상대를 속이는 동작이 나오는데, 특히 현란한 개인기를 보이는 축구에서 페인트 모션으로 상대를 따돌릴 때나 심판에게 경고받는 헐

리우드 액션은 진짜인 양하면서 상대를 속이는 동작들이다.

테니스 복식 경기에서 네트 앞 전위의 역할은 매우 중요하다.

리턴 시에 전위가 센터로 포치를 나갈 듯이 살짝 움직이는 동작만으로도 리턴을 하는 상대는 스윙 순간에 심리적인 작용으로 인해 샷에 영향을 끼친다.

포치를 나갈 듯하면서 자리를 지키고 꼼짝도 않을 듯하다가 순간 전광석화처럼 포치를 나가는, 가짜인지 진짜인지 분간을 못 하게 상대를 교란시켜 어목혼주(魚目混珠)의 상태가 되게 하는 전술도 필요하다.

대체…
눈알이야 구슬이야?

풍연심

장자 「추수 편」에는 가장 아름다운 동물에 대하여 나온다. 세상에 발이 하나밖에 없는 전설상의 동물 중에 기(夔)라는 동물이 있었다. 이 위대한 동물 기는 발이 하나밖에 없었기 때문에 발이 100개나 있는 지네를 몹시 부러워하였다.

그런데 그 지네에게는 자신이 가장 부러워하는 동물이 있었는데 바로 발이 없는 뱀이었다. 뱀은 거추장스러운 발이 없어도 잘 갈 수 있었기 때문이었다. 그러나 뱀은 자신이 움직이지 않고도 멀리 갈 수 있는 바람을 부러워하였고, 바람은 가만히 있어도 어디든 가는 눈을 부러워하였다.

그런데 눈은 보지 않고도 무엇이든 상상할 수 있는 마음을 부러워하였단다. 마음에게 물었다. 당신은 세상에 부러운 것이 없냐고, 마음은 대답하였다. 자신이 가장 부러워하는 것은 전설상의 동물인 기라고.

세상의 모든 존재는 어쩌면 서로가 서로를 부러워하는지 모르겠다. 모두가 자기가 갖지 못하고 것을 가지고 있는 상대를 부러워하지만 결국 자신이 가진 것이 가장 아름다운 것이라는 것을 모른 채 말이다.

夔憐蚿, 蚿憐蛇, 蛇憐風, 風憐目, 目憐心.
기연현, 현연사, 사연풍, 풍연목, 목연심.

기는 지네를 부러워하고,
지네는 뱀을 부러워하고,
뱀은 바람을 부러워하고,
바람은 눈을 부러워하고,
눈은 마음을 부러워한다.

세상이 힘든 것은 부러움 때문이 아닐까 싶다.
상대방의 지위와 부, 권력을 부러워하면서 늘 자신을 자책하기에 불행이 시작되는 것이다.

가난한 사람은 부자를 부러워하고, 부자는 권력을 부러워하고, 권력자는 가난하지만 건강하고 화목한 사람을 부러워하고, 결국 내 자신 안에 아름다움을 발견하는 것이 진정한 아름다움을 깨닫는 사람일 거다. 세상에서 가장 아름다운 것은 결국 자신만이 가지고 있는 것일 수도 있다.

부러우면 지는 거야! 정말 가슴에 와닿는 말이다.
세상에 가장 아름다운 것은 바로 나다.

✦✦✦

내가 테니스에 반해버린 건 30여 년 전 일이다. 우연히 테니스장 근처에 볼일이 있어서 그곳을 지나가다가 들리는 볼 소리를 따라 홀리듯 펜스까지 가서 들여다보니 아는 분이 운동을 하고 있었다.

넘어오는 상대의 볼을 백핸드 슬라이스로 위에서 아래로 깎듯이 내려치는데 임팩트 후 날아가는 타구가 네트를 타고 넘어 빨랫줄처럼 쭉 뻗어간다.

'우와~ 정말로 멋지네.'
그 자리에서 넋을 잃고서 바라보다가 집에 온 후에도 잔상이 남아서 그 모습에 반해서 테니스를 하기로 결심했다.

입문 후 레슨도 받고, 홀로 연습도 하고, 운 좋은 날엔 여성회원 대타로 나서 게임도 하고, 테니스의 묘미에 한껏 빠지면서 그럭저럭 구력도 쌓이다 보니 중급 이하의 분들과의 게임이 자연스러워졌다.

게임을 하면서 내 수준의 현 위치에서 상, 하수를 가릴 줄 알게 되고 상대와 나의 볼을 치는 스타일의 차이점과 스트로크의 특성도 알게 될 쯤이었다.

포물선을 그리며 느릿하게 넘어가는 나의 볼에 비해 상대의 직선타구가 묵직하면서 빠르게 리턴 되는 것을 보며 '나는 왜 저렇게 스피드하고 파워풀한 볼을 만들어 내지 못할까?' 하는 고민과 함께 느린 속도의 스핀볼이 리턴 시 상대 전위에 포치를 당할 때마다 딥딥힘과 게임 운영 시 한 가지 타법만으로는 한계를 느끼다 보니 플랫으로 타구를 하는 분이 그저 부럽기만 하였다. 플랫 강타의 해법은 혹 라켓 때문이지 않을까, 하면서 라켓도 참 많이 바꿨는데 문제는 라켓 때문이 아니었다.

시간이 많이 흘러 구력이 더 쌓이다 보니 나의 스타일은 플랫 성 타구에 비해 속도가 느리고 회전이 많이 걸리는 톱스핀 드라이브 타법임을 알게 되었다. 물론 이 타법이라 해서 속도와 파워가 떨어지는 것은 아니지만 내 타법이 그렇다는 얘기다.

스피드하고 파워풀한 볼을 만들기 위해 참으로 노력을 많이 했다. 스스로 라켓 바꾸길 수차례, 이 줄 저 줄 바꾸면서 새는 돈 줄줄줄…. 고수의 조언을 받아 그립 파지 문제나 임팩트 후 스윙 스피드를 높여주는 것, 임팩트 후 라켓 면에 30cm 볼을 붙여서 밀어주는 스윙 등등. 그러나 고착된 폼을 수정하기란 참으로 힘들었다. 연습 땐 몇 타가 교정이 된 듯하다가 실전에서는 도루묵이 돼 버리니.

결론은 내 스타일을 고수하는 것.
내가 아무리 노력해도 만족도가 떨어지는 샷에 연연하기보다는 백이든 포든 내가 잘하는 주특기를 갈고 닦아 완벽하게 만드는 길밖에 없다는 결론을 내린다.

면도날 슬라이스 샷이나 플랫 성 강타를 내가 잘하려고 해도 안 되는 거처럼 상대도 내가 구사하는 톱스핀 드라이브 타법을 잘못할 수도 있지. 어쩌면 말은 안 해도 서로서로 잘하는 특기를 속으로 부러워할지도 몰라.

다리가 하나인 기(夔)가 지네가 아닌 이상 아무리 노력을 한다 해도 100개의 다리가 생길 리가 있겠어?

기(夔)는 기답게 아름답고 위대하면 되지….

욕속부달

공자의 10제자 중 하나인 자공이 어느 작은 마을의 촌장이 된 후 어떻게 마을을 다스려야 좋으냐고 공자에게 묻자 공자는 "정치를 할 때는 공적을 올리려고 너무 급하게 서두르지 말라, 급하게 서두르면 오히려 목적을 이루지 못한다."라고 충고한 데서 나온 고사성어다.

테니스에서 스플릿 스텝(split step)의 중요성을 자주 말한다.

스플릿 스텝은 네트로 대시 중에 다음 샷을 진행하기 전, 한 템포 멈춰서 상대의 동작을 기다리는 정(靜)과 동(動) 사이에 잠깐 머무르는 동작으로 정중동(靜中動)의 자세다.

득점하기 위해 서두르게 되면 오히려 목적한 바를 이루지 못하므로 욕속부달의 마음가짐으로 네트 앞에 서서 스플릿 스텝의 자세를 취하자.

스플릿 스텝은 준비 자세로 가볍게 움직여 주다가 상대가 볼을 컨택하는 순간 제 자리에서 가볍게 점프하는 동작을 말한다. 스플릿 스텝은 모든 동작에 사용되며 다음 동작으로 연결할 때 순발력 있게 대처할 수 있다. 상대가 볼을 열 번 치면 열 번 모두 스플릿 스텝을 해야 한다.

체공시간이 긴 볼일 경우에는 상대의 컨택 순간에 스플릿 스텝을 하고, 상대 볼의 스피드가 빠를 때는 상대가 백스윙을 하고 난 후 포워드 스윙에 들어가는 순간 스플릿 스텝을 한다. 이는 상대의 움직임과 볼을 주시하면서 다음 동작에 대한 준비로써 샷을 안정되고 여유롭게 구사하기 위해 꼭 필요한 동작이다.

네트 앞에서 잠깐 멈추면 시야가 넓어지고 볼이 보인다.

약팽소선

"작은 생선은 자주 뒤집으면 먹을 게 없다"

약팽소선(若烹小鮮) - 〈도덕경〉

도덕경의 핵심은 리더십에 관한 내용이다.

'리더는 말을 아껴야 한다. 말을 할수록 그 말에 발목이 잡힌다(多言數窮).', '리더는 물처럼 자신을 낮추고, 모든 공을 신하들에게 돌려야 한다. 내가 공을 누리려 하면 신하들이 떠나게 된다(功成身退).', '리더는 신하들을 다스릴 때 스스로 할 수 있는 무위(無爲)의 리더십을 펼쳐야 한다. 스스로 할 수 있는 분위기를 만들어 주는 것이 리더의 역할이다(無爲而無不治).' 이런 도덕경의 메시지는 수천 년간 중국 황제들의 리더십으로 여겨져 왔다.

노자가 도덕경에서 '무위(無爲)'의 리더십을 말하고 있다. 무위(無爲)는 '아무것도 하지 않는다'라는 소극적인 의미가 아니라 '조직원들이 스스로 할 수 있도록 분위기를 만든다'라는 적극적인 의미의 표현이다.

노자의 무위 리더십을 가장 잘 표현해 주는 개념이 도덕경 60장에 나오는 약팽소선(若烹小鮮)이다.

治大國에 若烹小鮮이라.
'큰 나라를 다스리는 것은 작은 생선 굽는 것과 같다.'
조그만 생선을 구울 때 가장 최악의 방법이 불을 세게 높이고 빨리 안 익는다고 이리저리 뒤집는 것이다. 스스로 익을 수 있는 분위기를 만들어 주는 것이 중요하다는 뜻이다.

일을 잘못하는 직원을 들볶고 무능하다고 욕하기보다는 그들이 열정을 발휘할 수 있는 직장의 분위기를 만들어 주고, 공부를 못하는 아이를 들볶기보다는 그 아이가 공부할 수 있는 분위기를 만들어 주는 것이 노자의 무위(無爲) 철학이다.

'한 경기 속에 숨어있는 긴장과 안정.'

우리는 코트에서 운동하면서 수많은 파트너를 만난다. 게임 중 흐름에 따라 파트너에게 요구하게 되는 상황이 생기기도 하는데 상수의 잘못을 지적하거나 잔소리하는 간 큰 하수는 없고(알면서 말을 못 할 뿐인데…) 이런저런 주문은 상수가 거의 한다.

주문의 성향도 꼭 해야 할 때 하는 사람과 습관적으로 하는 사람이 있지만 어쨌건 그 의도를 떠나서 게임 중에 주문은 늘 부담이고 마음을 위축시킨다.

한 게임을 하는 동안에 경기의 흐름에 따라 긴장감이 생기고 안정을 되찾고 가 반복되는데 잦은 주문으로 마음을 들쑤셔 긴장을 유발시키는 파트너보다 파트너를 안정시켜 기량을 최대치로 이끌고, 제대로 발휘할 수 있도록 여건을 조성해 주는 파트너가 진정한 고수이다.

에러는 파트너에게 성화를 해댄다 하여 줄어드는 것이 아니다.

인생팔미

> **인생의 여덟 가지 맛.**
>
> 인생팔미(人生八味) - 〈중용〉

인생을 제대로 사는 사람은 인생의 맛을 안다고 한다. 맛이 음식에서만 느껴지는 것은 아니다. 인생에도 맛이 있다. 인생의 참맛을 아는 사람은 인생의 즐거움을 누리는 사람이다.

인생의 여덟 가지 맛, 인생팔미(人生八味)

1. 음식미(飮食味)

   그저 배를 채우기 위해 먹는 음식이 아닌, 맛을 느끼기 위해 먹는 음식의 맛이다.

2. 직업미(職業味)

   돈을 벌기 위해 일하는 것이 아닌, 삶의 의미를 찾기 위해 일하는 직업의 맛이다.

3. 풍류미(風流味)

남들이 노니까 노는 것이 아닌, 진정으로 즐길 줄 아는 풍류의 맛이다.

4. 관계미(關系味)

어쩔 수 없어서 누구를 만나는 것이 아닌, 만남의 기쁨을 얻기 위해 만나는 관계의 맛이다.

5. 봉사미(奉仕味)

자기만을 위해 사는 인생이 아닌, 봉사함으로서 행복을 느끼는 봉사의 맛이다.

6. 학습미(學習味)

하루하루 때우며 사는 인생이 아닌, 늘 무언가를 배우며 자신이 성장해감을 느끼는 배움의 맛이다.

7. 건강미(健康味)

육체로만 존재하는 것이 아닌, 정신과 육체의 균형을 느끼는 건강의 맛이다.

8. 인간미(人間味)

자신의 존재를 깨우치고 완성해 나가는 기쁨을 만끽하는 인간의 맛이다.

중용에서 보면 세상 사람들은 음식을 먹으면서 그 음식의 진정한 맛을 제대로 알지 못한다고 안타까워하고 있다.

人莫不飮食 鮮能知味(인막불음식 선능지미), 사람들 중에 음식을 먹지 않는 사람은 없지만 음식의 진정한 맛을 아는 사람은 드물다.

인생의 맛 '인생팔미'는 높은 자리에 있거나 많은 재산을 소유하고 있다 하여 얻어지는 것이 아니다.

인생의 참맛을 느끼며 사는 '인생팔미' 생각을 바꾸고 관점을 바꾸면 우리의 일상적인 삶 속에서 얼마든지 찾아 느낄 수 있다. 인생의 참맛은 평범한 일상에 있다.

인생팔미(人生八味) 중에 우리가 테니스를 하면서 누릴 수가 있는 것은….

풍류미.
전국 어느 코트라도 초대를 받고 모임을 찾아 나서면 코트에서 좋은 분들 만날 수 있고 서로 함께 어울리니 라켓 한 자루에 테니스의 즐거움과 묘미를 한껏 실어보는 풍류객이 된다.

관계미.

테니스가 인연이 되어 좋은 친구들이 생기고, 함께 즐거운 운동 후 시원한 맥주 한 잔 마시는 우리들은 서로 만나 기쁨을 얻는 관계들이다.

봉사미.

브러시로 밀고 라인기로 줄을 긋고 말끔하게 정리된 코트가 마음을 들뜨게 하니 누군가가 일찍 나와서 남몰래 수고를 아끼지 않는 아름다운 마음이 느껴진다.

학습미.

1년만 하면 욕심이 생기고, 2~3년만 하면 분석과 평론을 할 수 있고, 4년 이상이면 떠날 수가 없다.
이처럼 알아갈수록 어려운 테니스는 노력한 만큼 따르는 결과에 대한 성취감의 매력이 가히 마력 수준이다.

건강미.

쌓인 스트레스를 볼에 실어 날려 보내니 정신이 맑아지고 볼을 쫓아 코트를 누비니 하체가 튼튼, 거친 호흡으로 심폐기능이 좋아지고 체력소모와 함께 덩달아 밥맛이 좋아져 평범한 모든 음식도 수라로 바뀐다.

인간미.

파트너와 함께 한 게임을 하는 과정에서 승패에 상관없이 진심에서 우러난 격려와 파이팅을 외치면서 우정을 돈독히 해간다.

이처럼 인생팔미 중에 무려 여섯 가지 미가 들어 있으니 테니스야말로 더 이상 말이 필요 없는 최고의 운동이지만, 참맛이란 볼만 잘 친다고 느껴지는 것이 아니고, 각각의 맛을 음미할 줄 아는 사람이 진정한 테니스 인이 아닌가 한다.

택선고집

> "진실한 것은 하늘의 도(道)이며, 진실되고자 노력하는 것은 사람의 도(道)이다. 진실되고자 노력하는 사람은 옳은 일을 선택해서 굳게 지켜야 한다."
>
> 택선고집(擇善固執) -『중용』

『중용(中庸)』에서는 무턱대고 고집할 것이 아니라 택선고집(擇善固執), 옳은 일을 선택해서 고집하라고 했다. 따라서 고집을 부리려면 무엇이 옳은지 먼저 알아야 한다. 그리고 내가 믿는 사실이 옳지 않다는 사실을 깨달으면 즉시 고집을 버리는 용기도 필요하다.

옳고 그름을 따지지 않고서 무턱대고 고집하는 것을 교주고슬(膠柱鼓瑟)이라고 한다. 거문고의 기러기발에 아교를 칠하여 현을 고정시킨 채 연주한다는 뜻이다. 이처럼 교주고슬(膠柱鼓瑟)은 자기만 옳다고 믿는 아집(我執)에 빠져 헤어나지 못하는 사람을 비유하는 말이다.

옳은 일을 선택해서 지키는 고집과 자기 소견만 믿고 버티는 아집(我執)은 전혀 다르다.

태도를 바꿀 용의가 있으면 고집이고, 없으면 아집이다. 작은 문제도 심각하게 보고 지키면 고집이고, 작은 문제는 대수롭지 않다며 버티면 아집이다. 일관된 입장을 지키면 고집이고, 말을 바꾸거나 자리를 피해 다니면서 버티면 아집이다.

전력이 비슷한 팀끼리 붙은 타이트한 경기에서 득점은 내가 공격에 성공하여 얻을 수 있고, 상대가 에러를 하여 얻을 수도 있다.

득점 찬스는 자주 오는 것이 아니고, 또 찬스 볼은 신중하게 처리해야 하는데 매번 득점하리라 생각하고 강타 일변도나 같은 구질의 샷으로 대응하는 사람들을 본다.

하물며 본인이 서 있는 타구 위치가 베이스라인 후방인지 서비스라인 근처인지, 네트 앞인지 볼을 보낼 거나 각도는 염두에 두지 않은 채 또 맞이할 상대 볼의 구질이나 파워, 스피드, 높낮이와 각도는 생각도 않은 채 어느 위치에서든 초지일관 똑같은 폼, 똑같은 구질, 똑같은 힘을 쓰면서 강공으로 끝장을 보려한다.

"파앙-!"
"철렁~"
"out~!"

생각하는 타구를 하자.

변화무쌍하게 날아오는 상대 볼에 아집의 교주고슬(膠柱鼓瑟)로 대하는 것이 아니라 택선고집(擇善固執)의 마음 자세였으면 하는 바람이다.

지피지기 백전불태

지피지기 백전불태(知彼知己 百戰不殆)

『손자병법』「모공 편」

많은 사람이 "지피지기는 백전백승"이라고 알고 있지만 정확한 뜻은 자신과 상대방의 상황에 대하여 잘 알고 있으면 백 번 싸워도 위태로울 것이 없다는 뜻이다.

손자병법에 나오는 원문은 다음과 같다.

지피지기 백전불태(知彼知己 百戰不殆), 부지피이지기 일승일부(不知彼而知己 一勝一負), 부지피부지기 매전필패(不知彼不知己 每戰必敗)

적을 알고 나를 알면 백번 싸워도 위태로울 것이 없으나 적을 알고 나를 모르면 승과 패를 각각 주고받을 것이며 적을 모르는 상황에서 나조차도 모르면 싸움에서 반드시 패배한다는 뜻을 가지고 있다.

$$\bullet\ \blacklozenge\ \bullet$$

손자병법의 지피지기 백전불태(知彼知己 百戰不殆)보다는 '부지피부지기 매전필패(不知彼不知己 每戰必敗)'라는 말이 더 와닿는 건 왜일까?

코트에서 상대를 모르고 나의 컨디션조차도 모른다면 매번 불리한 경기에 임할 수밖에 없음이니 그런 거 같다.
우리는 코트에서 다양한 스타일의 사람들을 만난다.

구질에서 보면, 일명 작대기 볼이라는 플랫성 타구를 잘 구사하는 사람, 회칼로 생선회를 뜨듯이 언더스핀이 많이 걸려 낮게 깔린 슬라이스가 일품인 사람, 바운드 후 빠르게 높게 튀어 오르는 드라이브나 탑스핀이 주 무기인 사람.

개인적인 특성이나 자신 있는 기술적인 측면에서 보면, 포핸드가 강점인 사람, 백사이드의 위치가 편안한 사람, 드롭 샷이 좋은 사람, 앵글 샷이 특기인 사람, 로브가 좋은 사람, 네트 플레이보다는 베이스라인에서 스트로크가 자신 있는 사람, 발리가 예리한 사람, 스매시가 끝내주는 사람, 공격적인 성향의 사람, 안정적인 수비로 상대의 에러를 유발하는 사람, 신경전에 능한 사람.

외적인 면에서 보면 왼손, 오른손잡이, 복장이 화려한 사람, 연습 스트로크가 선수 못지않게 파워풀한 사람, 폼은 엉성한데 랠리가 끊임없는 사람.

이런 사람 저런 사람… 이렇게 수많은 사람들과 만나고 또 상대하면서 동네 시합이든 관내 시합이든 전국대회든 나가게 되는 것이다.

상대를 잘 안다고 하여도 실력 면에서 현격한 차이가 나면 큰 의미는 없지만 상대가 어떤 스타일로 볼을 치는가에 대한 관찰은 짧은 시간이나마 꼭 필요한 것이다.

상대를 알아 유비(有備)하면
무환(無患)까지는 아니더라도
소환(小患)으로 막아지지 않겠는가?

애마지도

'말을 사랑하는 법'

애마지도(愛馬之道) - 장자(莊子)

옛날에 말을 지극히 사랑하는 사람이 있었다.

그는 얼마나 말을 아끼고 사랑했던지 말똥을 광주리에 정성껏 받아내고, 말의 오줌은 큰 조개로 만든 그릇에 담아 버릴 정도였다.

하루는 말의 등에 모기가 앉아 피를 빨고 있었다. 이를 본 그는 모기가 너무도 얄미워 살금살금 다가가 손바닥으로 힘껏 내리쳤다. 그 순간 화들짝 놀란 말은 자신이 미워 때리는 줄 알고 뒷발로 주인을 걷어차고 말았다.

이 이야기는 말을 사랑하는 마음이 아무리 커도 말의 입장을 배려하지 않은 표현은 오히려 오해를 살 수 있음을 일깨워 준다.

사육사의 사랑하는 뜻은 지극하였지만 사랑의 방식이 잘못되었다. 그러니 사랑을 할 때 신중하지 않을 수가 있겠는가. 사랑은 상대방이 원하는 방식으로 해야 한다.

게임 중에 나오는 주문.

평소에 아끼던 사람이기에 도움을 주려고 한 선의의 주문이었다 할지라도 상대방은 그 의도보다는 그저 말 많은 파트너로 오해할 소지가 다분하고 선의의 지도가 본의 아니게 잔소리로 바뀌고 심적인 부담을 줄 수도 있음이니 이는 자칫 도와주고도 욕을 먹는 꼴이 된다.

실력이 미천한 대다수의 중·하수 분들은 파트너의 주문에 신경이 쓰이면서 몸은 자동으로 반응이 오고 경직된 몸은 당황으로 이어져 오히려 에러 확률만 더 높아지니 말이다.

게임 중에 아쉬운 실점의 순간은 짧은 격려와 파이팅으로 족하고, 미련이 남는다면 게임 후 벤치에 앉아서 그때 그 상황의 복기와 지도가 애정 어린 관심이고, 기량 향상에 일조하는 것이라 여겨진다.

이인위미

이인위미(里仁爲美)

- 〈논어〉 이인편

공자께서 말씀하시길 "이인위미 택불처인 언득지 (里仁爲美 擇不處仁 焉得知)"라 하였다.

"동네는 인심 좋은 곳이 좋은 거처일지니, 그런 곳에 살지 않는다면 어찌 지혜를 얻겠는가!" 한마디로 거처를 정함에 있어 사람의 향기가 가득한 따뜻한 곳을 택해야 한다는 말이다.

내 몸과 마음이 편안하다고 느끼면 어디에 산들 좋은 곳일진대, 벗들이 사는 곳도, 몸담은 일터도 가히 이인위미(里仁爲美)라 할 만했으면 좋겠다.

사람은 환경에 영향을 주면서 동시에 환경의 영향을 받는다. 우리가 사는 데는 아름답고 쾌적한 자연환경뿐만 아니라 인간적인 사회 환경과 뜻이 맞는 벗, 품위 있는 사람들과 어울려 서로 대화를 나눌 수 있는 의미론적 언어 환경도 소중하다.

'백만금으로 집을 사고 천만금으로 이웃을 산다(백만매택, 천만매린/百萬買宅, 千萬買鄰)'라고 하지 않는가?

테니스에서 이인위미(里仁爲美)할 만한 클럽은 어떤 클럽일까.

누군가가 방문하면 환하게 인사하고, 반갑게 맞이하며 진지한 가르침과 배움 속에 온기(溫氣)가 가득하고, 사양과 배려가 어우러져서 화합(和合)의 장을 만들고, 질서정연(秩序整然)하여 회원들이 서로를 존중하는 이렇게 인간미(人間美)가 넘치는 클럽이 아닐까?

마음 또한 천만금을 줘도 아깝지 않을 사람들이 이웃처럼 모여서 한없이 즐겁고 행복하게 운동을 한다면 더 많은 사람이 찾아오리라고 생각하면서.

내가 속한 테니스클럽이 이인위미(里仁爲美)할 만하게 모두가 작은 노력이라도 기울이길 바란다.

전심치지

> 전심치지(專心致志),
> 온 정신을 한 군데로 집중하다.

전설상 바둑에서 무패를 자랑한 고수 혁추(奕秋)의 명성을 듣고 제자가 되겠다고 하는 사람들이 수없이 모여들었지만 혁추는 두 사람만 받았다.

그런데 두 제자는 학습 태도가 달랐는데 한 사람은 전심으로 집중하여 혁추의 말만 들었고(기일인전심치지 유혁추지위청/其一人專心致志 惟奕秋之爲聽), 다른 한 사람은 말을 들어도 마음속에는 백조가 날아오면 활을 쏠 것을 생각했다.

이는 지혜가 같더라도 정신을 쏟은 제자는 뜻을 이루고 새 사냥을 생각한 다른 제자는 마음이 엉뚱한 데 있어 일이 몸에 배지 않는다는 홍곡장지(鴻鵠將至)란 성어를 남긴다.

주자(朱子)의 어록에 실린, '정신일도 하사불성(精神一到 何事不成)'은 나이 어린 학생들도 그 뜻을 알 정도로 우리에게는 무엇보다 친숙한 명구이다.

또 호랑이로 알고 정신을 집중하여 활을 쏘았더니 바위에 박혔다는 중석몰촉(中石沒鏃)은 중국 전한(前漢) 장수 이광(李廣)의 일화이기도 하다.

스포츠 구기 종목에서 플레이 볼을 하는 동안에는 게임을 마칠 때까지는 움직이는 볼에 집중해야 한다.

특히 테니스는 개인적으로는 샷 하나하나에 집중해야 함은 물론 팽팽한 접전이나 위기 시에 승패에 영향을 끼치는 한 포인트를 얻기 위해 오가는 볼에 집중된 팀플레이가 매우 중요하다.

전심치지, 하면 볼의 로고가 보이고 홍곡장지, 하면 볼이 센터로 지나간다.

도로무익

'애만 쓰고 이로움이 없음'

도로무익(徒勞無益) - 〈순자 정명편〉

후한 말 황건적의 난 때 소탕 작전의 임무 수행 중인 동탁과 조조가 어느 날 쉬는 시간에 칼을 세워두고서 따듯한 양지에 앉아서 속옷을 뒤지며 이를 잡고 있었다.

이를 한 마리 발견한 동탁이 자기의 피를 빨아먹는 놈이 너무 괘씸해서 그놈을 바위 위에 얹어 놓고 힘센 주먹으로 갈겼다.

"쾅~!" 바위는 산산조각이 났으나, 이는 틈 사이에서 여전히 고물거리고 있었다. 그것을 본 조조가 손톱으로 눌러 간단하게 이를 죽였다.
"틱~!"

감정이나 힘만 가지고는 이도 잡을 수 없는 것이다.

34년 전 힘만 넘쳤던 초보 시절.
고향의 한 초등학교에 테니스부가 있었다.

당시 나는 이른 시간에 코트에 나와서 코치 선생님의 지도 아래 어린 학생들의 강도 높은 훈련을 보면서 기량 향상에 도움이 될까 싶어 귀담아 듣기도 하고 궁금한 것이 있으면 묻기도 하고 그랬다. 공은 못 치지만 일찍 나와서 코트 정리하고 혼자서 뭐라도 해보려는 모습이 기특해 보였던지 한 학생과 연습 랠리를 하라고 해 준다.

"댕큐베리마치~!"
'아무리 선수라지만, 초등학교 여학생인데…'라고 생각했는데

팡-팡-팡!

스트로크 랠리를 주고받는데 돌덩이처럼 날아오는 어린 선수의 파워에 밀려 리턴하는 내 볼의 거리가 점점 짧아진다. 어린 선수라고 얕봤던 근거 없는 자신감이 온데간데없이 사라지고 혼자 바빠 허둥대는 모습이란.

'아…!'
'내가 용만 쓰고 있구나…'

뻣뻣한 어깨로 힘차게 휘두르지만 정타를 하지 못하는 내 모습이 미련해 보이는 것에 빈해 리듬을 타는 몸동작에서 물 흐르듯 부드러운 스윙으로 볼을 다스리는 저 어린 선수의 폼이 참으로 근사하게 보인다.

파앙~
슝!

천지망아

천지망아(天之亡我)
하늘이 나를 망하게 했다, 자신은 아무 잘못이 없다.

사람은 누구나 잘못을 저지를 수 있다. 만약 현인들에게 과오가 없었다면 어리석은 자들은 온통 절망할 수밖에 없었을 것이라는 말이 있듯이 현명한 자들도 잘못할 수 있다. 다만 일이 잘못되었을 때 '잘 되면 제 탓, 못 되면 조상 탓'이라며 자신의 책임을 인정하지 않으려 하는 사람이 대부분이다.

孔子(공자)님 말씀도 있다.
'군자는 허물을 자신에게서 구하고, 소인은 허물을 남에게서 구한다(군자구저기 소인구저인/君求諸己 小人求諸人).' 산을 뽑을 듯 기개를 보이는 장수였지만 군자는 되지 못한 항우(項羽)는 자신이 전투에 진다는 것이 결코 믿어지지 않았다.

처음 중국을 통일한 진시황(秦始皇)의 혹정으로 각지에서 제후들을 중심으로 한 반란이 일어났는데 출신도 명문인데다 용맹스럽기가 천하제일인 항우는 미천한 출신의 유방(劉邦)과는 상대가 될 수 없었다.

이들이 5년 가까이 펼치는 초한(楚漢)전쟁은 항우가 연전연승했다. 하지만 자신감이 넘친 항우가 주변의 조언을 무시하다가 해하(垓下)의 전투에서 참패하고 밤을 틈타 겨우 포위망을 뚫으면서 최후를 직감한 항우는 이렇게 망하는 것을 하늘 탓으로 돌렸다.

'지금 이렇게 곤경에 처한 것은 하늘이 나를 망하게 하려는 것이지, 결코 내가 잘못 싸운 것이 아니다(연금졸곤어차 차천지망아 비전지죄야/然今卒困於此 此天之亡我 非戰之罪也).'

평계 대는 모습이 천하를 호령했던 항우답지가 않구나…
수많은 승패가 엇갈리는 테니스 코트에서도 승패에 대한 원인과 이유를 따지기도 하는데, 본인은 잘했는데 파트너 때문에 패했다고 하는 사람들의 목소리도 더러 들린다. 득점은 내가 잘했고, 실점은 네 탓이라며.

누구를 탓하는가.
지나간 잘못을 자주 언급하는 것은 지지(地地), 이를 자주 언급하는 사람을 지지리(地地理)라고 하자.

두견척촉

두견척촉 -꽃과 볼-

봄이다.

봄을 나타내는 여러 가지 현상... 그중에 단연 으뜸은 온 천지에 자태를 뽐내며 만발하는 꽃 이야기라고 하고 싶다.

南道로부터 전해지는 꽃소식은 봄을 품은 매화가 시발점이 되어 훈풍이 스치는 곳마다 산수유, 개나리와 진달래, 복숭아꽃, 살구꽃, 벚꽃, 이어지는 철쭉이 이 산 저 산을 수놓으며 흐드러지게 피어나야 비로소 봄이 왔다고 할 것이다.

결국 花舞, 꽃의 향연에 만발하는 진달래와 철쭉이 봄의 축제를 대표하는 꽃이 되는데 두견척촉(杜鵑躑躅)이라는 성어는 진달래와 철쭉을 함께 부르는 말이다.

봄을 대표하여 곳곳에 축제도 벌이는 이들 꽃은 비슷해 보이지만 서로가 딴판이고, 진달래는 먹을 수 있는 꽃이라 하여 참꽃이라 하지만, 철쭉은

개꽃이라 부른다. 독성이 있어 먹을 수 없고 염소나 양도 피한다고 한다.

5월에 잎과 함께 가지 끝에 연한 분홍색의 꽃이 피는 철쭉꽃은 먹지는 못해도 꽃이 너무나 아름다워 그 앞에서 머뭇머뭇하게 한다고 해서 척촉화(躑躅花)가 됐다고 하는데 실제로는 결단을 못 하고 우물쭈물한다는 뜻으로 많이 고전에서 사용됐다.

조선 명종 때의 문신 배용길(裵龍吉)의 철쭉을 읊은 시 한 편.

철쭉이 못 가에서 자태를 뽐내나,
외로운 꽃떨기 힘없이 모두 기울었네
(척촉림지욕자과 고총무력총저사/
躑躅臨池欲自誇 孤叢無力摠低斜),

봄날이 지나가니 꽃도 따라 시드는데,
이제야 술잔 잡고 꽃구경을 하려네
(춘광이로화수로 시작파라욕상화/
春光已老花隨老 始酌叵羅欲賞花)

꽃과 볼.

꽃 앞에서는 아름다움에 취해 그 앞에서 주저거리고 타구 전 볼은 에러에 구애받아 스윙이 주춤거리네.

하여 우물쭈물 스윙을 躑躅打(척촉타)라고 명하자.

궁즉통

> **"窮則通 궁즉통"**
> 막히면 변하게 마련이고, 변하면 통하게 마련이며,
> 통하면 지속하게 마련이다.
>
> (窮則變 變則通 通則久)

『주역(周易)』의 변화철학을 말한다. 주역의 세계관에 의하면 세상은 영원한 평화도, 영원한 위기도 없어 보인다.

"無往不復 一闔一闢謂之變 往來不窮謂之通"

세상은 가서 돌아오지 않음이 없나니, 한 번은 닫혔다 한 번은 열리는 것을 변(變)이라 하고, 가고 오는 것이 끝이 없는 것을 통(通)이라 한다.

주역이 바라보는 세계관이자 역사관이다. 어떤 고난이 있어도 주저앉지 않고 노력한다면 그 궁함이 반드시 통할 것이라는 궁즉통의 철학만 있으면 난세를 현명하게 건널 수 있을 것이다.

이대로 무너질까, 바꿔서 살까? 인생은 알 수 없는 예측불허 사항이 무

수히 널려 있으니 미리 걱정할 필요가 없다. 궁즉통(窮則通)! 수가 생기게 마련이다.

이 세상에 그냥 죽으라는 법은 없다.

테니스 한 게임.

전력이 비슷한 두 팀이 만났는데 전력이 엇비슷함에도 불구하고 게임스코어는 종종 1-6, 2-6으로 끝나는 경우가 있다.

내용 면에서는 초반에 양 팀이 팽팽한 경기였지만
1-1을 만들 수 있는 상황에서 0-2로 벌어지니 맥없이 0-3, 한 게임이라도 따라붙어 1-3을 만들 찬스를 또 놓쳐 게임 스코어 0-4가 되면 대다수의 팀은 전의를 상실하여 그 분위기대로 게임을 마치게 된다.

종종 왜 이럴까?
그것은 집중력 부족부터 초래되지만 어려운 상황에 봉착했을 때 반전의 실마리를 찾아 심기일전하는 투지보다는 쉽게 포기하는 마음이 앞섰기 때문에 그런 결과가 나오는 것이다.

궁즉통.
패배 일보 직전에서 우리 팀이 더 이상 잃을 것도 없다면 스코어를 지키고자 하는 상대 팀보다는 심리적으로 마음이 편안한 상태가 될 수가 있으니 어려운 게임 상황이 오히려 위기를 기회로 만드는 변화의 시점이라 말하고 싶다.

볼 하나가 만들어 내는 스코어의 변화. 러브 포리에서 집중하고 포기하지 않는 힘이 듀스를 만들고, 마찬가지로 게임 스코어 2-5에서 차분하게 따라잡아 5-5 타이브레이크를 만드니, 양 팀 전력이 타이트한 경기에서 영원한 안주도 없고, 위기 또한 영원하지가 않다면 궁한 상황에서 변화의 의지를 가지고서 해법을 찾는 것이 진정한 운동인의 자세가 아닐까 한다.

사소주의

> ## "작은 것을 섬기는 것은 어진 자의 행동이다"
>
> 사소주의(事小主義) - 〈孟子〉

요즘 사대주의란 말이 자주 언론에 등장하고 있다. 그런데 이 사대주의 란 용어의 원류를 따라가다 보면 색다른 의미로 시작되었음을 발견하게 된다.

이 용어를 처음 사용한 사람은 맹자(孟子)였다. 제(齊)나라 왕이 맹자에 게 외교의 원칙에 대해 물었을 때, 맹자는 자신 있게 이렇게 대답한다.

"내가 힘이 없을 때 힘 있는 자에게 머리를 숙일 줄 아는 事大는 지혜로 운 자들의 생존방식이다. 반대로 큰 힘을 가지고 있는데도 작은 힘을 가진 이에게 머리를 숙일 줄 아는 事小야 말로 어진 자들의 행동 방식이다."

간략히 말하면 내가 힘이 없을 때 잠시 분노를 삭이고 무릎을 꿇으며 훗 날을 도모하는 이성적 사고가 事大主義라면, 내가 강함에도 불구하고 약 자를 보듬고 감싸 안아서 내가 원하는 방향으로 인도하는 강자의 여유와 아량을 事小主義라 하는 것이다.

두 가지 모두 자신의 분노를 삭이고 이성적으로 판단하여 조직의 운영을 결정하는 전략적 리더십을 강조하고 있다는 점에서 공통점이 있다.

유인자, 위능이대사소(惟仁者, 爲能以大事小), 오직 어진 자만이 큼에도 불구하고 작은 것을 섬길 수 있다.유지자, 위능이소사대(惟智者, 爲能以小事大), 오직 지혜로운 자만이 작으면서 큰 것을 섬길 수 있다.

작은 이가 큰 이를 섬기는 것은 이해가 가지만, 큰 이가 작은 이를 섬기는 것은 쉬워 보이지 않는다.

나보다 약한 사람에게 고개를 숙여 그의 자존심을 살려주고, 나아가 마음속의 복종을 이루어 내는 것은 고도의 이성적이고 합리적인 철학이다. 약자의 자존심을 살려주고 손을 내밀어 그의 몸을 일으켜 줄 줄 아는 事小의 전략, 어진 강자의 여유다.

작은 자가 큰 자를 섬길 수 있는 事大,
큰 자가 작은 자에게 굽힐 수 있는 事小,
자신의 감정을 제어 못하는 필부(匹夫)의 만용을 버리고 진정한 대장부의 용기를 가진 사람만이 할 수 있는 철학이다.

"강한 자가 먼저 머리를 숙이는 것이 옳다."

···

슝~

네트 앞에 적당한 높이로 떠오르는 볼.

스매시 마무리로 게임이 종료되는 결정적인 순간에 어처구니없는 에러를 하는 파트너에게 관대한 사람은 솔직히 없을 거다. 다만 어쩔 수 없이 발생한 상황에 대해 더 이상 언급해서 서로에게 무슨 이익이 되느냐 하는 점이다.

고수로서 하수인 파트너를 받들라는 말은 아니지만, 게임 중 본의 아닌 에러에 미안해하는 하수의 마음을 헤아려 주는 것, 무안함을 덜어 그 마음을 부끄럽지 않게 감싸주는 것이 오히려 게임 운영에 보탬이 되고, 또 그렇게 리드를 하는 것이 진정한 고수의 마음가짐이라고 본다.

사소주의.

매사에 부족한 하수일지라도 사소한 것까지 챙겨주는 고수를 어찌 흠모하지 않겠는가.

덕미이위존

> **나아가고 물러날 때를 잘 알아야 한다.**
>
> 덕미이위존(德微而位尊) - 〈주역 周易〉

『주역(周易)』에서는 자신이 가지고 있는 능력과 도덕성에 비해 너무 높은 자리에 오르려 하거나 너무 큰일을 도모하려 하면 반드시 큰 화를 입을 것이라고 강조하고 있다.

자신의 그릇과 능력에 맞지 않으면 어떤 높은 지위라도 넘보지 말라는 뜻이다.

덕미이위존(德微而位尊), 인격은 없는데 지위는 높고,

지소이모대(智小而謀大), 지혜는 작은데 꿈이 크면,

무화자선의(無禍者鮮矣), 화를 입지 않는 자 드물 것이다.

나아가고 물러남이 분명하다면 인생에 화를 당하는 경우가 없을 것이다. 물러나야 할 때 나아가려 하고 나아가려 할 때 물러나는 것은 인생의 화를 자초하는 결과를 가져올 것이다.

진퇴를 잘못 알고 경거망동하다가 그동안의 자신이 걸어온 조그마한 성과물마저 모두 무너져 내린다.

"자신의 그릇의 크기를 정확히 알고 살아야 한다."

재미이과욕(才微而過慾)
내 실력의 정도와 한계를 잘 알아야 한다.

테니스는 의욕만 앞선다고 하여 잘 칠 수 있는 것이 아니고 자신의 실력과 한계가 볼을 완벽하게 처리할 수준까지 미치지 않으면 어떤 볼이라도 함부로 다루지 말라는 뜻이다.

재미이과욕(才微而過慾),
재주는 거기에 못 미치는데 욕심은 많고,
곤란이대방(困難而大防),
상황은 안 좋은데 한방만 노리면,
무실자선의(無失者鮮矣),
에러를 하지 않는 자 거의 없을 것이다,

테니스에서 실력이라 하면 게임 시 적시적소(適時適所)에 구사할 수 있는 각 샷의 기술적인 부분 말고도 게임의 전술적인 운영이나 스코어 관리능력과 멘털까지도 포함된 것이다.

"나는 NTRP 레벨 3.0 수준인데, 5.0 수준의 실력으로 착각하고 있지는 않는지?"

전승불복

> **"영원한 승리는 없다."**
>
> 전승불복(戰勝不復) - 〈손자병법〉

절대로 무너지리라고 상상도 못 했던 세계적인 기업과 조직이 뿌리째 흔들리는 것을 보면서 영원한 승리는 없다는 『손자병법』의 전승불복(戰勝不復)의 구절이 떠오른다.

'전쟁에서 한 번 거둔 승리(戰勝)는 반복되는 것이 아니다(不復)'라는 뜻의 전승불복의 철학은 지금의 승리에 도취되거나 자만하다가는 실패로 바뀔 수 있다는 메시지를 담고 있는 구절이다.

전승불복(戰勝不復), 전쟁에서 승리는 반복되지 않는다. 응형어무궁(應形於無窮), 무궁한 변화에 유연하게 내 모습을 바꾸어 대응하라!

변화가 빠른 시대다. 지나간 시절에 넋 놓고 있다가는 언제든 성공이 실패로 바뀔 수 있다. 승리는 유연함과 겸손으로 내 모습과 생각을 변화시켜야 영원할 수 있다.

승리에 도취되어 있는 순간, 이미 패배는 등 뒤에서 기다리고 있다.

역설적으로 말하자면 이는 전쟁에서 "영원한 패배도 없다"라는 말도 되므로 우리는 패배를 두려워해서는 안 된다.

패배는 아쉬움과 많은 생각을 남긴다. 아쉬움은 복기로 이어지면서 패인을 분석하게 되고 미비점의 개선과 실력 부족에 따른 기량 향상의 필요성을 느끼게 되는, 참 의미 있는 시간이다.

테니스 게임.
승패가 수도 없이 반복되고 이어지지만 승리자의 자만도 금물이고, 패배자의 낙담도 금물이다.

승리든 패배든 거기에서 끝나지 말고, 다음을 위한 준비와 노력의 과정은 꼭 필요한 일. 승리는 더 노력한 자의 몫이다.

무신불립

> 무신불립(無信不立).
> '믿음이 없으면 살아갈 수 없다'라는 뜻으로 『논어』 「안연 편(顏 淵 篇)」에 실린 공자(孔子)의 말에서 비롯되었다.

자공(子貢)이 정치(政治)에 관해 묻자, 공자는 "식량을 풍족하게 하고(足 食), 군대를 충분히 하고(足兵), 백성의 믿음을 얻는 일이다(民信)"라고 대답 하였다.

자공이 "어쩔 수 없이 한 가지를 포기해야 한다면 무엇을 먼저 해야 합니 까?"하고 묻자 공자는 군대를 포기해야 한다고 답했다. 자공이 다시 나머 지 두 가지 가운데 또 하나를 포기해야 한다면 무엇을 포기해야 하는지 묻 자 공자는 식량을 포기해야 한다며,

"예로부터 모든 국가는 다 망함을 피할 수 없지만, 백성의 믿음이 없이는 나라가 서지 못한다(自古皆有死 民無信不立)"고 대답했다.

식(食), 병(兵), 신(信) 중에, 믿음이 으뜸이다.

믿고 맡겨도.

직접 운전하다가 남에게 운전대를 맡기면 어쩐지 조금은 불안하다. 동료 직원에게 일 처리를 부탁하면서 못 미더워 석연치 않는 부분이 마음 한구석에 남아 있다. 고객에게 매끄럽지 않게 T/M을 하는 직원을 보니 심히 걱정된다.

이걸 어쩌나~
내가 다 해?

믿고 맡겼더니…

고속주행 커브 길에서 흔들림 없는 완만한 주행, 동료 직원의 무난한 업무처리, 나름대로의 성과를 거두는 영업직원.

이처럼 나쁘지 않은 결과를 보며 본인이 직접 하는 것과 별반 다를 게 없다는 것을 알았고, 이 모든 것이 상대를 믿지 않아서 생기는 마음의 병이란 것을 깨닫게 되었다.

테니스 한 게임 중에 파트너가 나를 못 믿고 북치고, 장구 치고, 혼자서 라켓을 휘젓고 다닌다면 말이 복식이지 단식게임 같다는 생각이 든다.

신뢰가 구축된 파트너십은 승패 결과에 상관없이 마음이 맞아 게임이 무척 즐겁다.

남을 신뢰하지 못하고, 꼭 내가 아니면 안 된다는 생각은 걱정하는 자의 아집이 아닐까?

일오재오

한 번 잘못한 것을 또다시 잘못한다.

일오재오(一誤再誤) - 조보(趙普)

실패를 좋아하는 사람은 없다. 실패는 성공의 어머니라고, 과오와 실패는 전진하기 위한 훈련이라고 격언이 격려해도 일부러 실패할 사람도 없다.

실패를 위로하는 말은 또 있다. '한 번 실수는 병가의 상사'라고 승패병가상사(勝敗兵家常事)란 성어에서 온 속담이다.

최후의 결전이 아닌 옛날 잦은 전투에서 이기기도 하고 지기도 하는 것은 항상 있는 일이니 승패에 크게 개의하지 말고 최선을 다하는 것이 중요하다는 의미다.

실패를 딛고 다음에는 꼭 성공하라는 선의의 말이다. 그런데 한 번 잘못한(一誤) 일을 깨닫지 못하고 똑같은 실수를 저지른다면(再誤) 본인이나 지켜보는 사람이나 답답할 노릇이다.

선대에서 잘못 행해져 내려오는 사례를 고치지 못하고 되풀이할 땐 더 큰 잘못이다. 왕위를 물려주는 중대한 일에서 잘못된 점을 깨우친 중국 북송(北宋)의 중신 조보의 이야기에서 유래한 말이다.

팡~
팡팡팡-

네트를 넘나드는 볼 따라 양 팀은 기민한 동작을 취하면서 테니스 한 게임이 진지하게 진행 중이다.

복식 경기 중에 어떤 초급자가 실수를 저지르고도 본인은 정작 아무렇지도 않다는 표정으로 다음 볼에 대비하고 있는 것을 보게 되는데 이런 행위는 본인이 실수를 했는지 아닌지의 구분도 못 하는 경우로 보면 된다.

이런 일이 생기는 것은 초보자가 테니스 입문 후 레슨을 시작하면 코치 선생님의 학습이 게임에 필요한 각 샷을 숙달시켜 익히는 데만 중점을 두어 그러지 않을까? 하는 생각을 해본다.

그것은 개인의 기술 습득이지 게임 시에 일종의 전술이라 할 수 있는 파트너와의 팀플레이를 할 때 본인이 취해야 하는 동작에 대해서는 대다수는 나중에 클럽활동을 하면서 알게 된다.

승부가 나는 게임 후 바둑판에서 복기라고 할 수 있는 상황 분석을 하세 되는데 특히 패인에 대헤 상급자로의 조언이나 잔소리가 듣게 되는 이때가 초보자들이 클럽활동 적응에 어려운 시기라고 할 수 있다.

초급자가 게임 중에 저지르기 쉬운 실수를 보면 개인이 구사하는 샷의 에러는 차치하더라도 팀플레이 시 몇 가지 유형이 나오는데 가장 눈에 띄는 것은 볼의 흐름에 맞추지 못하는 위치 선정과 스플릿 스텝을 하지 않아서 발생하는 경우가 가장 많은 것 같다. 이런 행위는 중요한 순간에 맥을 끊어 파트너십을 해칠 뿐만 아니라 경기의 흐름을 상대에게 유리하게 바꾸는 계기가 되기도 한다.

일오(一誤)는 누구나 할 수가 있고, 또 모르고 한 실수를 뭐라고 하는 파트너는 거의 없다. 하지만 주위의 선의의 조언에도 불구하고 재오(再誤)가 반복된다면 조언을 무시하여 외면받는 사람이 될 수 있음을 알길 바란다.

우산지목

> "우산(牛山)은 원래 민둥산이 아니었다."
>
> 우산지목(牛山之木) - 〈맹자〉

인간은 원래부터 악한 존재일까,
아니면 세상이 그렇게 만든 걸까?
전국시대 맹자의 논리는 간단하다.

인간들은 원래 착하게 태어났다.
그런데 모진 풍파와 세월이 인간의 마음에 상처를 주고 악하게 만들었다. 우리는 절대로 이 끈을 놓아서는 안 된다는 거다. 맹자는 자신의 논리를 당시 지도자들에게 설득하기 위하여 우산지목(牛山之木)이라는 고사를 꺼낸다.

내용은 이렇다.

'우산(牛山)이란 산은 풀 한 포기 나지 않는 민둥산의 이름이다. 그러나 이 산이 원래부터 민둥산은 아니었다. 처음에는 나무가 울창했으나 대도시 주변에 있었기 때문에 수많은 사람들이 오르내리면서 나무를 베어갔다.

나무를 잃은 우산은 사람들이 안 오는 밤에 이슬을 머금고 부지런히 싹을 틔워내고 풀을 키웠다. 그러나 이번엔 목동이 소와 양을 끌고 나타나 조금 자란 그 풀마저 모두 뜯어 먹히고 말았다. 나무도 풀도 더 이상 자라지 못하게 된 우산. 그러나 그 산이 원래부터 민둥산은 아니었다.

맹자의 우산은 바로 우리들의 이야기다.
우리 인간은 원래 따뜻한 사랑과 선한 마음을 가지고 있었다. 그런데 우산에 도끼가 들어와 나무를 마구 베었던 것처럼 세파의 도끼가 우리의 양심을 찍어댄 것이다. 우리들의 마음은 하루하루 황폐화가 되기 시작했다.

우산지목상미의(牛山之木嘗美矣),
우산의 나무는 일찍이 아름다웠다.
세상에 아름답게 태어나지 않은 사람은 없다.

테니스 한 게임이 진행 중이다.

게임스코어 4-0 리드 상황으로 파트너와 함께 무척 여유로운 게임을 한다.

어느 순간 방심을 했는지 심기일전한 상대의 반격으로 스코어 격차가 좁혀지기 시작하여 1-4, 2-4, 3-4로 따라붙으니 '엇~!' 스코어가 여유로웠을 때 없었던 잔소리를 하게 되고, 이것저것 주문이 잦아지기 시작한다.

왜 이렇게 변하게 되는 걸까?

그것은 승패에 따라 생기는 희비(喜悲)가 있기에 결과에 연연하게 되고, 특히 비중이 있는 경기에서는 결과를 너무 의식한 게임 상황이 사람들을 그렇게 만들었기 때문이다.

코트에서도 원래 악한 자는 없다고 생각한다.

그렇다면 나도 나의 파트너도 어느 누구도, 경기 흐름이 설령 우리 팀에게 불리하게 전개되더라도 그 상황에 흔들리지 않고, 마음속 민둥산을 만들지 않는, 본래의 선한 마음이 항상 유지되는 의연한 사람들이었으면 좋겠다.

행백리자 반어구십

> 춘추전국시대 유세가(遊稅家)의 별설이나 책략을 모아 엮은 전국책
> (戰國策)에 나오는 구절이다.

백 리를 가는 사람은 구십 리를 갔을 때 비로소 반쯤 왔다고 생각하라.
왜냐하면 가장 힘든 것은 마지막 십리인 것이다.

일을 행할 때 대부분은 고비를 넘기고 앞이 보이기 시작하면 긴장이 풀
려 막바지에서 실패하는 경우가 많다. 방심하면 성공하기 직전에 실패할
우려가 있으니 목표에 가까이 갔으면 한층 더 자중(自重)과 분발(奮發)을 해
야 한다는 뜻이다.

이 세상에 영원한 승리는 없다 승리의 자만심에 도취되는 순간 패배는
등 뒤에서 기다리고 있다. 그렇기 때문에 잘 나갈 때, 승리했을 때 더 조심
해야 하고 더 초심으로 돌아가야 한다.

전국시대 강국인 진(秦)나라 무왕(武王)이 국운이 강성해지면서 자만하
기 시작하자 이를 걱정한 한 신하가 이 말로써 왕에게 간했다고 한다.

"진나라가 제나라를 위태롭게 여기고 초나라를 업신여기며 한나라를 속국처럼 여기는 것이 염려됩니다.

처음에는 누구나 잘 하지만 끝을 좋게 하는 사람은 드물다고 하였습니다. 선당들께서는 처음과 끝을 다 같이 중시하여 크게 이루었지만 이에 반하여 처음에는 잘하다가 끝을 맺지 못해 치욕과 죽음을 당했습니다.

시경(詩經)에 이르기를 '행리백자 반어구십(行百里者 半於九十: 백 리를 가는 자는 구십 리를 갔을 때 비로소 반쯤 왔다고 생각한다)'이라 했습니다."

이 말을 들은 무왕은 깊이 깨달은 바가 있어 정사(政事)를 잘 돌보고 자만하지 않아 강대국을 이룰 수 있었다고 한다.

높은 산은 정상 직전이 가장 힘들고, 동녘은 밝기 직전이 가장 춥고, 물은 끊기 직전이 가장 요란하듯이 행복은 막연히 오는 것이 아니라 늘 인고(忍苦)의 시간을 거쳐서 다가오는 법이다.

테니스 한 게임.

우리들은 보통 게임 스코어 5-2를 두고서 리드를 당하고 있는 팀이 분발심을 키우기 위해 파트너와 함께 외치기를 "역전 스코어"라고 말한다.

상대의 생각이 그렇다면 앞서가는 팀은 이때부터 3-3 타이로 알고 더 심중하게 상황에 대처를 해야 히며 안심 속에 방심이 깃드니 경기가 다 끝날 때까지는 긴장의 끈을 결코 놓아서는 안 될 것이다.

번문욕례

복잡한 사회생활을 해 나가는 사람들은 다른 일이 닥쳤을 때 간단하게 이해하는 것을 바란다. 그렇지 않아도 머리 아픈 일이 많은데 크게 중요하지 않은 일에는 무시하거나 대충 처리한다.

서양 철인 세네카는 단순함의 중요성을 말했다.

"모든 기교적인 것, 주의를 끄는 것은 피해야 한다. 단순만큼 사람으로 하여금 친근하게 하는 것은 따로 없다."

또 있다.

"참으로 중요한 일을 하는 사람은 누구나 항상 단순하다. 왜냐하면 쓸데없는 일을 할 생각이 없기 때문이다." 톨스토이다.

단순함을 찾는 사람에게 생각도 그러한데 번거롭고 까다로운 규칙(繁文)과 꾸미기만 한 듯이 세세하게 보이는 예절(縟禮)은 더 거리감을 느낀다.

번잡스러운 煩文(번문)이라 해도 같고 줄여서 번욕(繁縟). 번망(繁忙)으로도 쓴다. 금침이나 자리에 꽃무늬 놓는 것이 욕(縟)인데 역시 번잡하다.

이 말은 처음에 어디에서 사용되었는지 분명하지 않으나 중국 서주(西周) 시대에 강태공에게 보고를 받은 주공은 정치가 쉽고 백성들에게 친근해야 따르게 된다는 말을 했다고 한다.

정치는 간단하고 쉽게 행해지지 않으면 국민들이 가까이 다가갈 수가 없다. 한 고조 유방은 통일한 뒤 약법삼장(約法三章)으로 민심을 다잡았다.

게임 시 실점의 형태는 두 가지가 있다.

하나는 상대의 빠르고 강한 샷을 받을 수가 없어서 생기고 또 하나는 느린 볼에 대해 생각이 많아서 순간 타이밍을 놓쳐 생긴 에러 때문에 발생한다.

내 실력이 미천하여 상대에게 실력으로 제압을 당했다면 어쩔 수가 없는 상황에서 당하는 실점이지만 느리게 오는 볼에 대해 빈 곳을 찾으며 보낼 코스를 생각하는 우물쭈물하는 순간에 타점은 이미 라켓의 스위트스폿 존을 벗어나 있으니 볼은 네트에 걸리거나 라인 밖으로 나간 상태가 된다.

코트에서 분주히 움직이면서 생각하는 테니스를 하는 것이 맞다. 그 생각이란 공방전을 펼치면서 상황을 예측하라는 소리지 느리게 오는 볼에 대해서 다 와서 멈칫하라는 소리가 아니다.

단순한 생각이 호쾌한 스윙을 만든다.

노마십가

노마십가(駑馬十駕)
둔한 말이 열흘 동안 수레를 끌다, 열심히 노력하면 성공할 수 있다.

'무릇 천리마(千里馬)는 하루에 천 리를 거뜬히 달리지만, 비루먹은 말일지라도 열흘 동안 달려간다면 역시 이에 미칠 수 있다(부
　기일일이천리 노마십가즉역급지의/夫驥一日而千里 駑馬十駕則亦及之
矣) 배움을 이루는데 가장 중요한 것은 일관된 의지와 실천이라고 순자는 강조했다.

'느릿느릿 걸어도 황소걸음'이라는 속담이 말하는 대로 속도는 느릴지라도 오히려 믿음직스럽고 알찬 면이 있다. 날랜 말이 빨리 달려 하루에 닿은 길을 둔한 말은(駑馬) 뚜벅뚜벅 수레를 끌고 열흘을 소요하며(十駕) 이른다.

아무리 둔하고 재능이 모자라는 사람이라도 노력하면 앞선 사람을 따라잡고 훌륭한 성과를 거둘 수 있다는 가르침이다.

＋＋＋

　테니스 입문 후 십여 년이 훨씬 넘도록 매일 레슨을 하시는 분이 계시는데 그 레슨은 계속되고 최근 4년 동안에도 눈비가 와도 꾸준히 이어진다.

　몇 해 전, 전국대회 우승을 하기 전에는 하루에 세 곳을 다니면서 레슨을 받는 것을 보면서 저 분이 우승하면 자기 손에 장을 지진다는 사람이 셀 수도 없이 많았는데 우승을 해버렸으니 이를 어쩌나….

　사람마다 그런 소리를 했던 것은 그분의 운동신경은 폼이나 순발력, 감각 등에서 거의 없었기에 모두가 말하기를 우승은 아예 생각 자체를 하지 않았는데 우승을 하여 "저 사람도 하는데." 하면서 우승을 갈망하는 어느 누구에게나 노력만 하면 불가능은 없다는 꿈과 희망을 갖게 해주었다.

　동호인 테니스의 정상은 끝이 없다.
　전국대회에서 우승을 하기까지는 금전 투자는 물론 경기에 필요한 기술을 연마하기 위한 각고의 노력 끝에 실력이 갖춰지면 꾸준히 대회에 참여해야 하는데 짧게는 5년 길게는 10년이 넘는 시간을 보내면서 값진 결실을 맺게 된다.

　그러나 산 넘어 산이라더니 비우승자 시절에는 우승만 하면 만사형통인 줄 알았으나 뒤이어 우승자들끼리 겨루는 대회가 다시 이어져 여기에서도 그들만의 리그에 어울릴 만한 실력을 갖추지 못하면 다시 도태될 수밖에 없으니….

어찌 보면 첫 우승은 끝이 아닌 새로운 시작에 불과했고, 그래서 그런지 4년 전에 우승했던 그분의 레슨은 오늘까지 이어지고 우스꽝스러운 폼으로 하는 노력이 더 절절해 보인다.

여기에서 그분은 비록 천리마(千里馬)는 아니고 비루먹은 노마(駑馬)에 불과하지만 일관된 의지와 실천으로 오늘도 레슨을 받고 있으며 4년 전보다는 일부, 지극히 미미하나 개선된 폼으로 백핸드 발리 샷을 날리고 있다.

태생이 노마(駑馬)와도 같은데 그 노력마저 없었더라면 퇴보하는 속도가 더 빠르지 않나 하는 생각을 해본다.

상덕부덕

"상덕부덕(上德不德): 최고의 덕을 가진 사람은 덕을 내보이지 않는다,

시이유덕(是以有德): 이것 때문에 덕이 있게 되는 것이다.

하덕부실덕(下德不失德): 최하의 덕을 가진 사람은 덕이 있다는 것을 보여주려고 한다.

시이무덕(是以無德): 이것 때문에 덕이 없게 되는 것이다."

그래서 사람들은 "정말 훌륭한 인격을 가지고 있는 사람은 겉으로 보기에는 훌륭한 인격을 가지고 있는 것처럼 보이지 않고 오히려 별 볼 일 없는 인격을 가진 사람이 겉보기에 대단한 인격을 가지고 있는 것처럼 보이기 쉽다."라고 이야기한다.

위대함은 겉으로 비치는 모습이 아니라 어쩌면 세월이 지나면서 은근히 드러나는 내면의 아름다움이라는 생각이 가슴에 와닿는다.

군자는 그 중후함(상덕)에 처신하며 그 경박함(하덕)에 머물지 않는다. 군주 또한 나라를 순리대로 조용히 다스려야지 요란스럽게 다스리는 것은 결코 바람직하지 않다. 그러므로 군주는 고유의 덕을 잃지 않고 새롭고 조화로운 기운을 얻을 수 있도록 부단한 노력을 해야 한다.

테니스 복식 경기는 늘 파트너가 바뀐다.

상대의 성향은 직간접적인 경험을 하거나 남들의 평판을 듣고서 알게 되고 그러다 보면 사람들은 저마다의 속셈을 두고서 파트너가 될 수 있는 상대에 대해서 파악을 하고 나름 기준을 설정한다.

그리고 은연중에 인성이나 매너의 좋고 나쁨에 대해 인식을 하면서 편안한 파트너와 불편한 파트너로 가리게 된다.

저 사람은…
이 분은…
저 분은…

사람들은 고수 하수를 막론하고 누구나 내 파트너가 편안한 사람이길 원하는 이유는 어떤 상황에서라도 부담감이 없어야 부드러운 스윙에서 좋은 샷이 나오기 때문에 그렇다.

특히 하수들은 군자처럼 상덕이 있는 사람이 파트너가 되기를 원하는데 그 이유 또한 실책을 두려워하는 하수를 마음으로 이끌고 다스려 주기 때문이다.

테니스에서 볼을 잘 치면 그냥 상수란 소리는 듣지만 볼도 잘 치고 마음도 상덕이면 진정한 고수라는 평가를 받는다.

발묘조장

> **발묘조장(拔苗助長)**
> 급하게 서두르다 오히려 일을 망친다

맹자(孟子) 공손추(公孫丑) 상(上)에 나오는 이야기이다. 송(宋)나라에 어리석은 농부가 있었다. 모내기를 한 이후 벼가 어느 정도 자랐는지 궁금해서 논에 가보니 다른 사람의 벼보다 덜 자란 것 같았다. 농부는 궁리 끝에 벼의 순을 잡아 빼보니 약간 더 자란 것 같았다.

'하루 종일 벼의 순을 빼느라 힘이 들었다'고 식구들에게 이야기하자 기겁하였다. 이튿날 식구들이 논에 가보니 벼는 이미 하얗게 말라 죽어버린 것이다. 농부는 벼의 순을 뽑으면 더 빨리 자랄 것이라고 생각해 그런 어처구니없는 일을 하였다.

공자(孔子)도 '서둘러 가려다 오히려 이르지 못한다(速達則不達)'고 이와 비슷한 글이 있다. 한국 속담에도 "급할수록 돌아가라"라는 말이 있듯이 빨리 서두르면 도리어 상황이 악화된다는 의미가 있다.

＋◆＋

과욕은 성급함을 부른다.

마음이 급해지면 심장 박동 수가 빨라지고 호흡이 빨라지면 리듬이
깨지고 템포가 어긋나며 이는 그릇된 자세로 연결돼 임팩트 타이밍을
놓치게 한다.

득점은 차분한 마음과 리듬, 템포, 타이밍의 조화 속 여유로운 동작
에서 만들어지는 것이지, 마음만 앞세운다고 얻어지는 것이 아니다.

무사성사

> 나의 사사로운 마음을 비우고 없애면, 오히려 사사로운 성공을 이룰
> 수 있다.
>
> 무사성사(無私成私) - 〈도덕경〉

바로 노자 『도덕경』의 무사성사 철학이다.

노자는 성공하려는 의식을 버렸을 때 오히려 성공이 다가온다는 말을
이렇게 비유한다.

성인후기신이신선(聖人後其身而身先), 외기신이신존(外其身而身存) 위대한
성인은 자신의 몸을 뒤로 하려 하지만 어느덧 앞에 있게 되고, 내 몸을 밖
으로 하려 하지만 오히려 나는 안에 들어와 있게 되는 것이다.

비이기무사사(非以其無私邪) 고능성기사(故能成其私)
이것은 결국 나를 버렸기 때문에 그런 것이 아닐까?
그러므로 버렸기에 나의 성공을 이룰 수 있는 것이다.

나를 버린 자가 결국 나를 얻으리라는 역발상의 철학.

성공은 내가 무엇을 하려고 해서 이룰 수 있는 것은 아니다. 오히려 나를 낮추고, 마음을 비우고, 성공에 대한 지나친 의도나 집착을 버리고 묵묵히 지금의 나를 몰입하고 열중하다 보면 결국 성공은 다가온다는 것이다.

생각이 많으면 스윙이 흔들리고 마음을 비우면 스윙이 편안하다. 그렇다면 게임 중에 언제 이런저런 잡다한 생각이 드는 걸까?

비중이 있는 경기에서 지면 어쩌나? 하는 걱정부터 들 때, 친선경기일지라도 객관적으로 전력이 약한 팀에게 스코어가 뒤졌을 때, 팽팽한 접전, 위기의 상황에서 에러에 대한 생각이 앞설 때, 반복된 에러로 파트너에게 미안한 마음이 들 때, 뭔가를 의식하거나 생각이 많아지면 그만큼 어깨가 경직된다. 어깨에 힘이 들어가면 타구 시 영향을 받으면서 볼 처리가 의도대로 되지 않는다.

마음을 비움에 평안함이 깃들고, 심신이 평안하니 어떤 상황에서라도 자신감 있는 스윙이 되어 내가 가진 역량이 최대치가 되는구나….

나를 버린 자가 나를 얻듯이 마음을 비워야 좋은 볼을 얻게 되리니 이것이 무심타법(無心打法)이로다.

가치부전

> **"어리석은 척하되 미치지는 마라!"**
>
> 가치부전(假痴不癲) - 〈삼십육계〉

세상을 살아가는 처세술 중에 가장 힘든 것이 자신의 능력을 감추고 바보인 척 살아가는 일이다.

중국인이 가장 좋아하는 이런 처세의 원칙을 난득호도(難得糊塗)라고 한다. '바보(糊塗)인 척하기는 정말 어려운 일이다'라는 뜻이다.

가치부전(假痴不癲)이란 병법도 이와 유사한 생각을 담고 있다. 가(假)는 '가장하다'라는 뜻이고, 치(痴)는 어리석을 치다. 어리석은 사람처럼 가장하라!

아니 부(不)에 미칠 전(癲), 그러나 진짜 미친 것은 아니다! 가치부전(假痴不癲), 전략상 상대방에게 나를 어리석게 보이게는 하되, 정말 바보라서 그런 것은 아니라는 것이다.

『三國志』의 조조가 유비를 불러 그의 능력을 시험하려 하였을 때, 유비는 이 가치부전(假痴不癲)의 전략을 사용하여 조조의 의심을 풀게 한다. 천둥이 쳤을 때 일부러 젓가락을 떨어뜨리며 두려워 떠는 모습을 보임으로써 조조에게 상대가 안 될 것이라는 믿음을 주게 하여 전략적으로 훗날을 도모할 수 있는 시간을 벌었던 것도 이 가치부전(假痴不癲)의 전략이었다.

　『孫子兵法』에도 자신의 모습과 의도를 상대방에게 보이지 말라고 충고하면서 '상대방의 의도와 모습은 밖으로 드러나게 하고, 나의 의도와 모습은 밖으로 드러나지 않게 하라'고 강조하고 있다. 이것이 병법에서 말하는 시형법(示形法)이다.

　시형법이란 상대방에게 내 모습을 자유자재로 보이게 만드는 것이다. 나를 유능한 사람으로 보이게 할 수도, 바보 같은 사람으로 보이게 할 수도 있어야 한다는 것이다. '진정 똑똑한 사람은 상대방이 볼 때 어리석은 사람 같다.' 노자에서 강조하는 철학이다.

　가치부전(假痴不癲),
　어리석은 사람처럼 보이되 진짜 미친 것은 아니다.

　자신의 능력을 남에게 보이는 것도 인생을 살아가는 전략이지만 때로는 내 광채를 숨기고 어리석은 사람처럼 보이는 것도 인생의 고도 전략 중에 하나다.
　똑똑한 사람은 자신의 재능을 쉽게 밖으로 내보이지 않는 사람이다. 어리석은 사람처럼 보여 상대방을 안심시켜 훗날을 도모하는 전략, 가치부전

(假痴不癲)의 병법은 똑똑한 사람들로 넘쳐나는 시대에 역발상의 철학이다.

"똑똑한 척하는 사람이 오히려 상대하기 쉽다."

○○시 ○○구 연합회장배 추계 테니스대회 예선
리그전에서 만난 두 팀이 몸풀기 랠리를 한다.

한 팀은 건장한 체격의 젊은 분이 본인 전력의 120% 이상을 발휘하려고 네트를 향해 기선제압용 강력한 스트로크를 날린다

다른 한 팀은 60이 넘으신 노장 두 분이서 어설픈 동작으로 필요한 근육, 힘만 쓰면서 툭툭~ 볼을 다룬다.

팡팡팡-!
팡~ 파앙~

본 게임에서 파트너십도 좋으신 두 어르신.
서브 툭~ 넣으시고 전진 발리를 하여 네트를 선점하고 이에 맞선 상대 팀의 리턴 볼은 초지일관 강타로 네트를 향해 날아가지만 더 이상 볼을 줄 곳이 없다.

'어라~ 이건 뭐지?'

연습 땐 허점투성이 같더니만 뚫기 힘든 철벽 수비에다가 예기치 않은 로브 역습에 갈수록 바빠지는 건 젊은 팀들.

전력을 다 공개하지 않아 알 수 없는 능구렁이 같은 백전노장들의 허허실실에 맥없이 무너지는구나….

인간삼락

> **인간삼락(人間三樂)**
> 인간이 누리는 세 가지 즐거움

사람은 저마다의 재주가 있고, 목적하는 바가 달라서 각기 느끼는 행복도 다를 수밖에 없으므로 인간의 즐거움을 세 가지로 나타내보라 할 때 내세우는 것이 다르다.

욕심이 많은 대부분의 인간은 부귀와 명예를 갖고서도 만족을 못한다. 그런데 다른 행복, 다른 즐거움을 드는 선현들이 말하는 행복은 의외로 단순하다.

먼저 모든 유학자의 영원한 스승 孔子(공자)의 삼락(三樂)을 『논어(論語)』 첫머리 「학이(學而)」편에서 보면 '배우고 때에 맞게 익힘(학이시습/學而時習), 벗이 먼 곳에서 찾아오는 일(유붕자원방래/有朋自遠方來), 남이 알아주지 않아도 성내지 않음(인부지이불온/人不知而不慍)'을 꼽았다.

공자 다음의 성인인 아성(亞聖) 맹자(孟子)는 '부모님이 살아 계시고 형제가 탈이 없는 것(부모구존 형제무고/父母俱存 兄弟無故), 하늘 우러러 부끄럼이 없고 굽어봐 사람에 부끄러울 일이 없는 것(앙불괴어천 부부작어인/仰不愧於天俯不作於人), 영재들을 가르치는 것(득천하영재이교육/得天下英才而教育)'을 들었다. 이 모두가 남이 주는 것보다 자기가 닦는 데서 오는 것이다.

우리의 다산(茶山) 선생은 젊은 시절 '수종사에서 노닐던 기록(유수종사기/游水鐘寺記)'에서 세 가지 즐거움을 나타냈다. '어렸을 때 뛰놀던 곳에 어른이 되어 오는 것(유년지소유력 장이지/幼年之所游歷 壯而至), 곤궁했을 때 지냈던 곳을 출세한 뒤 오는 것(궁약지소경과 득의이지/窮約之所經過 得意而至), 홀로 외롭게 찾던 곳을 마음 맞는 벗들과 오는 것(고행독왕지지 휴가빈설호우이지/孤行獨往之地 携嘉賓挈好友而至)'이다.

인조(仁祖) 때 학자 신흠(申欽)의 삼락은 이렇다. '문 닫고 마음에 드는 책을 읽는 것(폐문열회심서/閉門閱會心書), 문 열고 마음에 맞는 손님을 맞는 것(개문영회심객/開門迎會心客), 문을 나서 마음에 드는 경치를 찾아가는 것(출문심회심경/(出門尋會心境)'이라고 했다.

굳이 옛것을 비추어 찾지 않더라도 우리들에게는 테니스로 누리는 삼락(三樂)이 있다.

1년을 하면 욕심이 생기고, 2년만 하면 분석이 가능해지고, 3년 이상이면 라켓을 놓을 수가 없으니 어려운 만큼 끝없는 배움이 따르고 이를 행하여 일신우일신(日新又日新)의 성취가 일락이요.

때때로 삶이 힘들다가도 테니스 생각만 하면 힘이 솟아오르고 머리가 맑아지므로 무병장수(無病長壽)를 기원하면서 테니스 친구들과 어울림이 이락,

장유유서(長幼有序)를 지키며 운동을 하면서 배려와 양보 속에 인간미를 누리면서 스스로가 대견해지니 이를 삼락이라 하겠다.

군유소불격

춘추시대 유명했던 병법서중 하나인 손자병법에 '군유소불격(軍有所不擊)'이란 말이 있다.

풀이하자면 '공격을 해서는 안 될 곳이 있다'라는 말로 아무리 탐나는 성이 눈앞에 있고, 이겨야 할 상대가 앞에 있더라도 때로는 모른 척 돌아가야 할 때가 있다는 뜻이다.

적이라고 다 싸워야 하는 것이 아니고 때로는 못 본 척 돌아갈 수 있는 여유와 아량이 조직을 살리는 길이 될 수 있음을 군자에게 일깨워 주는 것이다.

자칫 욕심이나 잘못된 판단으로 자신의 병력을 모두 잃어버리는 결과를 초래할 수도 있기 때문이다.

군유소불격(軍有所不擊),

상대방에 따라 공격을 해서는 안 될 상대가 있다. 아무리 먹음직한 먹잇감이 눈앞에 있더라도 때로는 이성의 판단에 기초하여 과감하게 돌아서야 한다. 건드려서는 안 될 것에 욕심을 내면 반드시 후환이 따름은 자명하기 때문이다.

꽝~!

네트 플레이와 발리에 능수능란한 상대를 만난다. 네트 앞 전위에게 포핸드 강타를 보냈는데 발리로 응수를 하면 '엇… 한 번 더~' 라는 생각이 들어 다시 한번 그곳으로 강타를 날린다.

파앙-!

상대가 두 번 내지 세 번 정도 받아내면 벽과 상대하는 느낌이 들면서 다음 샷에 대해서는 순간 생각을 하게 되는데 하나는 강공이고 다른 하나는 우회다. 그리고 샷은 포핸드 플랫 강타뿐만 아니라 연타도 있고 로브도 있다.

어떤 것을 선택해서 어떻게 쳐야 하나? 통하지도 않는 상대에게 고집을 세워 오기로 때리는 샷은 어깨에 힘만 잔뜩 들어가 볼도 예리하지가 않다. 전위가 강하면 피해가는 방법도 있는데 확률이 적은 쪽으로 계속 승부를 거는 것은 파트너와 게임 상황을 고려하지 않는 개인 이기심의 발로가 아닐까?

생어우환 사어안락

> 생어우환(生於憂患) 사어안락(死於安樂)
>
> - 〈맹자〉

"생어우환(生於憂患): 어렵고 근심스러운 것이 나를 긴장시켜 살게 할 것이고, 사어안락(死於安樂): 편안하고 즐거운 것이 나를 죽음의 길로 인도할 것이다."

일명 맹자의 '역경 이론'이다.
맹자는 위대한 사람은 늘 힘들고 어려운 역경을 견뎌낸 사람들이라고 강조한다.

"하늘이 위대한 사람을 만들려면 반드시 역경을 주어 견디게 한다. 먼저 그 사람의 마음을 고통스럽게 만들고, 그 사람의 근육과 뼈를 수고롭게 하고, 그 사람의 배를 굶주리게 하고, 그 사람의 신세를 궁핍하게 하여 그 사람이 그 역경을 견뎌 낼 수 있는 힘을 주는 것이다."

근자에 전 애플사의 CEO 스티브 잡스는 2005년 스탠퍼드 대학 졸업식

연설에서 "Stay hungry! Stay foolish!"란 구절의 말을 한 적이 있는데 이 구절은 우리에게 인생을 어떻게 살아야 하는지를 명확하게 제시해 준 말이다.

배부름보다 배고픔에 머물러라. 그 고통이 나를 깨어 있게 하리라. 똑똑함보다는 늘 나 자신을 모자란다고 생각하라. 그 비움이 나를 더욱 채워줄 것이다.

스티브 잡스의 스탠퍼드 대학 졸업 연설은 결국 부모를 잘 만나서 비싼 등록금 내고 졸업하는 스탠퍼드 졸업생에게 편안함에 안주하지 말고 역경을 즐겨 위대한 가치를 창출하라고 강조하였던 것이다.

안락한 삶이 나를 달콤하게 하지만 그로 인해 성장은 멈출 수밖에 없고, 우환과 고통이 나를 힘들게 하지만, 그로 인해 새로운 성공을 찾아내는 계기가 될 것이다.

우리는 안락을 추구하고 채움에 안주하기도 한다.
그래서 안락이 나를 죽이고 교만이 나를 정체시킨다는 생각을 한시라도 놓지 말아야 할 것이다.

테니스 한 게임.

게임 스코어가 뒤지다가 더러 역전시키는 경우가 있는데 그래서 사람들은 2-5를 역전 스코어라고 말한다.

어려울 때일수록 포기하지 않고 정신을 가다듬으면 헤어날 길이 보이고, 크게 앞서간다 하여 긴장을 풀고 느슨해지면 오히려 곤경에 빠지는 수가 있기에 저런 상황이 생기는 것은 아닐까?

생어우환(生於憂患)사어안락(死於安樂).
'편안함이 나를 죽이고 고통이 나를 살린다'

古典의 가르침대로 스코어 차이가 크게 난다 하여 낙담할 일도 아니며 앞서간다 하여 자만하거나 방심할 것은 아니라는 것을 마음에 새겨본다.

부자사계명

> ## 부자가 되는 네 가지 비법
>
> 부자사계명(富者四誡命) - 〈사기〉

지족여권변(智足與權變), 지혜는 변화를 살필 수 있어야 하고, 인능이취자(仁能以取子), 인격은 남에게 가진 것을 줄 수 있어야 한다.

용족이결단(勇足以決斷), 용기는 결단을 내릴 수 있어야 하며, 강능유소수(强能有所守), 강단은 가진 것을 지킬 수 있어야 한다.

춘추전국시대 백규라는 재벌이 제시하는 부자가 되기 위한 필수 조건이다.

첫째, 변화를 읽어내는 지혜가 있어야 한다. 세상이 어떻게 변해가고 있는지, 앞으로 어떤 상황이 닥칠지 미리 알고 대비하는 지혜가 있어야 부자가 될 수 있다는 뜻이다.

둘째, 남에게 베풀 수 있는 인격이 있어야 한다. 돈은 반드시 벌려고 해서 벌어지는 것이 아니라 남에게 베풀 때 나에게 다시 돌아오는 속성을 이

해해야 한다는 뜻이다.

셋째, 결단할 수 있는 용기가 있어야 한다. 때가 왔다고 생각했을 때 주저하지 말고 결단하여 부를 잡아챌 수 있는 용기가 있어야 한다는 뜻이다.

넷째, 내가 얻은 부를 어떤 상황에도 굴하지 않고 끝까지 지켜낼 수 있는 강함이 있어야 한다. 한 번 지키겠다고 마음먹었으면 끝까지 놓지 않는 강단이 있어야 한다는 뜻이다.

상황을 읽어내는 지혜, 베푸는 인격, 결단의 용기, 지킴의 강함, '智,仁,勇,强', 이 네 가지만 있다면 천하의 부자가 될 수 있다는 사마천의 '사기'에 담긴 생각,

오늘날에도 그대로 적용되는 부자 되는 철학이며 부자가 되는 것은 운이 아니라 부단한 노력이 있어야 한다는 교훈도 담겨 있다.

테니스의 '智, 仁, 勇, 强'.

첫째, 상황을 읽어내는 지혜.
상대 볼의 상태를 읽어내는 선구안을 가져라.
네트를 향해 날아오는 볼의 구질(플랫, 슬라이스, 탑스핀)이나 속도, 파워, 각도, 높이, 거리 등을 예측하는 자만이 효과적인 수비나 공격적인

리턴이 가능하다.

둘째, 베푸는 인격.
파트너에게 따뜻한 마음을 품어라.
파트너를 격려하면서 게임을 이끌어 가는 따뜻한 마음이 있어야 한다. 진정한 파트너십만이 최상의 전력을 만들어 낼 수가 있고 승패를 떠난 좋은 결과는 그 안에서 얻어진다.

셋째, 결단의 용기.
우물쭈물 하지 마라.
찬스를 예측하고 포치를 하려고 마음을 먹었으면 초반에 실행하라. 눈치만 살피다가는 한 게임 금방 지나간다.

넷째, 지킴의 강함.
게임 오버가 될 때까지는 방심하지 마라.
자칫 방심하면 스코어가 순식간에 타이가 되거나 스코어를 지키지 못하고 역전을 허용할 수가 있다.

영과후진

'물이 흐르다 웅덩이를 만나면 채우고 다시 흐른다'

영과후진(盈科後進) - 〈맹자〉

『맹자』에도 물의 철학이 나온다. 맹자의 제자였던 서자(徐子)가 물의 철학에 관하여 물었을 때 맹자는 물이 가지고 있는 의미를 자세하게 설명한다.

'원천혼혼(原泉混混)이라! 샘이 깊은 물은 끝없이 용솟음 친다. 불사주야(不舍晝夜)라! 그러기에 밤낮을 쉬지 않고 흐를 수 있는 것이다. 영과후진(盈科後進)이라! 흐르다 웅덩이에 갇히면 그 웅덩이를 가득 채우고 다시 흐른다. 방호사해(放乎四海)라! 그리하여 사해 바다까지 멀리 흘러갈 수가 있는 것이다.'

영과후진이라!

흐르는 물이 웅덩이를 만나면 가득 채우고 다시 흐른다는 의미지만 채우지 않고서는 앞으로 나갈 수도 없다는 뜻도 된다.

◆◆◆

웅덩이를 만나면 그 웅덩이에 물이 가득 찰 때까지 기다리는 여유, 그리고 가야 할 곳으로 다시 묵묵히 흐르는 물을 생각하면서 물을 통해 부상을 다스리는 지혜를 배워본다.

테니스를 하면서 생기는 부상은 많다.

시큰거리는 손발목과 무릎에서부터 중간 정도의 부상에 속하는 팔꿈치 엘보나 견통 심하게는 뼈가 골절이 되고 인대가 끊어지기도 하는데(모르는 분들이 신사의 운동 테니스를 격투기처럼 생각할라~) 부상 중에도 코트에서 부르는 유혹은 크다.

운동을 하지 못해 쌓이는 스트레스도 부상 못지않게 짜증을 유발하지만 아픔을 참고 운동을 해 봤자 샷의 만족도가 떨어지는 것은 당연하고 회복 시기를 늦추는 것은 물론 자칫 악화일로에 들어설 수도 있다.

이렇게 크고 작은 부상에 시달리면서도 코트에 나서기도 하고, 어쩔 수 없이 집에서 쉬거나 병원에서 본격적인 치료를 하는데, 크게 잘못되어 수술을 하지 않는 이상 부상을 극복하는 좋은 방법은 시간이 조금 걸리더라도 병원 치료를 곁들인 휴식에 의한 자연치유라고 한다.

"참아야 하느니라~!"

조선 초기에 수절과부가 어떤(?) 유혹을 은장도로 허벅지를 푹푹 찔러가며 견뎠던 거처럼 잠시 코트에서 부르는 유혹을 뿌리쳐야 한다.

나도 젊은 날에 몸을 너무 혹사시켰는지, 노화때문인지 척추가 협착되어 허리 통증이 심해져서 시술을 하였다. 시술 후 "3개월 동안 운동 금지해야 합니다"라고 말씀하신 의사 선생님의 당부를 머리에 새기면서 몸이 좋아지는 날까지 운동을 하고 싶은 마음을 참고 다스리는 여유가 필요했다.

우리가 너무도 좋아하는 운동 테니스를 건강하게 지속적으로 하려면 물이 웅덩이의 물이 채운 다음 유유히 사해 바다로 흘러가듯이 몸의 회복을 차분하게 기다리면서 정상의 컨디션으로 만드는 것이 무엇보다도 중요한 일이라고 생각한다.

거침없는 쾌감 스윙은 나의 몸이 최적의 상태에서만 나온다~

"스팡~!"
"팡-!"

권권복응

> 권권복응(拳拳服膺)의 권권(拳拳)은 '소중히 받들어 힘써 지킨다'는 뜻이고 복응(服膺)은 '심중(心中)에 각인하여 잠시도 잊지 않는다'는 뜻이다.
>
> 권권복응(拳拳服膺) - 〈중용〉

택호중용(擇乎中庸), 중용을 선택하여 살다가
득일선즉(得一善卽), 좋은 생각 하나 얻으면
권권복응(拳拳服膺), 가슴속에 꽉 붙여
불실지의(弗失之矣), 잃어버리지 않아야 한다.

인생을 살다가 우연히 좋은 이야기를 듣거나 좋은 생각이 떠올랐다면, 잘 기억하여 인생의 지침으로 삼는 것이 중요하다. 그때는 영원히 기억할 것 같지만, 시간이 지나면서 그 생각과 기억은 점점 내 머리에서 멀어질 수밖에 없다. 그래서 무엇보다 중요한 것이 가슴속 깊이 새겨두며, 늘 인생의 기나긴 여정 속에 나침반으로 삼는 것이다.

이렇게 어떤 한 가지 좋은 생각과 느낌을 가슴속 깊이 담고 사는 모습을 권권복·응(拳拳服膺)이라고 한다. 권권은 받들어 모신다는 뜻이다. 복응은 가슴속 깊이 붙들어 맨다는 뜻이다. 권권복응하라. 받들어 가슴속에 깊이 매달아 놓으라는 뜻이다.

'느껴라~!'

낚시꾼들은 바닷속 깊은 곳에 낚싯줄을 던져놓고 어신을 기다리면서 입질이 오면 낚아채서 올릴 때 손으로 전달되는 느낌이 참으로 짜릿하여 그 맛을 못 잊어서 또다시 떠날 채비를 한다.

코트에서 연습이나 게임 중에 잘 맞은 볼. 역시 짜릿하다. 소프트한 손맛의 쾌감이 느껴지는데 그렇게 잘 맞은 타구감은 기억해야 한다.

'호오~!' 어떻게 했기에 그런 볼이 나왔을까? 그 어떻게는 아마 삼박자가 맞아떨어졌을 때가 아니었을까?

볼을 맞을 준비 자세에서 리듬을 타고, 볼을 쫓아가는 스텝, 그리고 동시에 이루어지는 테이크백과 타이밍이 조화를 잘 이룬 쾌감스윙~

"팡~!"

좋은 느낌이 머리에서 기억될 때, 그리고 그 느낌을 찾으려는 노력이 이어지고 깨달음이 있다면 그것이 실력으로 저장되는 순간이다.

　그러므로 좋은 느낌은 가슴속 깊은 곳에 담아 두어야 하고, 잊지 않
도록 꼭 기억을 시켜놔야 한다.
　라켓을 놓을 때까지 오래오래~

선유자익

한비자에 나오는 말로서 원문에는 이렇게 되어 있다.

선유자익(善游者溺), 선기자추(善騎者墜) 수영을 잘하는 사람이 물에 빠지고, 말을 잘 타는 사람은 말에서 떨어진다.

언뜻 보면 수영을 못하는 사람이 물에 빠질 것 같다. 그러나 발상의 전환을 해보면 그 답을 쉽게 찾을 수 있다.

사람들은 자신이 익숙하다고 하는 일에 자만하고 마음을 놓다가 실패를 경험한다. 사소한 것을 지나쳐 버렸기 때문이다. 쉽다고 생각하기 때문에 큰 화를 당하는 것이다.

안전이 부르는 방심.

에러는 생각지도 않았던 곳에서 터진다!

전력이 엇비슷한 팀이 시합을 할 경우 게임 중 승부처가 꼭 있는데 그 고비는 첫 게임 0-0에서 올 수도 있고 게임 중간 스코어 2-2나 이후

4-4가 될 수도 있다.

접전의 순간 너무도 쉬운 찬스 볼이 왔을 때 안이한 처리로 인하여 가끔 볼이 엉뚱한 방향으로 가버려 실점하는 것을 본다.

스윙~
"퍼억~!" 네트에 처박히고,
"쓩-!"
라인 밖으로 벗어나고,

'오~ 마이 갓!
내가 공에다 무슨 짓을 한 것이야?'

안전하다고 생각하여 한 포인트 거저 얻는다고 생각했는데 쉽게 생각한 볼이 오히려 방심을 부르지 않았을까?

게임 중 집중력 부족으로 승기를 놓칠 수도 있음이야.

방심은 '기분'을 내지만, 안심은 '기본'을 따른다.

분거지상무중니

유교의 시조요, 성인으로 추앙받는 공자(孔子)는 이름이 구(丘), 자가 중니(仲尼)이고, 군주에 대한 충성을 지킨 의인으로 후대에 알려진 백이(伯夷)는 주(周)나라의 전설적인 충신이다.

'분거지상무중니(奔車之上無仲尼) 어지럽게 질주하는 수레에는 공자가 없고, 복주지하무백이(覆舟之下無伯夷) 뒤집히는 배 아래에는 백이가 없다'라는 말은 마구 달리는 말이나 뒤집히는 배는 위험에 처한 상황을 말함이고, 이런 급박한 사태에서는 아무리 점잖은 사람이라도 평소에 보여주던 인성을 잃어버린다는 각박한 해석을 내리기도 한다.

바쁠 때는 주위를 돌볼 겨를도 없으며 위태로울 때는 의리도 통하지 않고, 재난에 처하면 생존본능 앞에 도덕군자도 무너진다는 것이다.

게임의 상황은 유리하게 전개가 되다가도 어떤 계기로 인해 불리하게 변하기도 한다.

팽팽한 접전 중 위기를 맞이했을 때 흔들림 없이 여유롭게 잘 대처하는 파트너, 포인트의 득과 실에 순간 일희일비(一喜一悲)하지 않는 파트너, 실수해도 파트너 탓을 하지 않고 오히려 격려를 해주고 믿음을 주는 파트너,

이런 파트너라면 코트에서만큼은 공자나 백이보다 더 나은 성인이라 여겨진다.

오미구상

> **"맛있는 음식은 입을 상하게 한다."**
>
> 오미구상(五味口爽) - 〈도덕경〉

오색영인목맹(五色令人目盲),

화려한 색을 추구할수록 인간의 눈은 멀게 된다.

오음영인이롱(五音令人耳聾),

세밀한 소리를 추구할수록 인간의 귀를 먹게 한다.

오미영인구상(五味令人口爽),

맛있는 음식을 추구할수록 사람의 입은 상하게 된다.

난득지화영인행방(難得之貨令人行妨),

얻기 힘든 것을 바라면 인간의 행동을 통제하기 어렵다.

우리들은 좋은 옷, 여러 음악, 맛있는 음식, 좋은 물건 등 많은 유혹과 끝없는 욕망 속에 살아가고 있는데 그것을 지나치게 추구하다 보면 인간의 순수한 본성을 망가뜨리게 된다는 노자의 경고이다.

◆ ◆ ◆

한 게임 중에 양 팀은 네트를 사이에 두고 수많은 샷을 주고받는다.

팡팡팡-
파방~!
게임 중 포인트가 결정나거나 나기까지는 몇 가지 경우가 있다.

첫째는 서로에게 손도 못 뻗치게 하는 에이스가 있고,
둘째는 서브 앤 발리나 어프로치샷으로 득점 상황을 만드는 것,
셋째는 상대의 에러로 인해서 얻어지는 득점이다.

게임 중 간혹 한방의 유혹을 받을 때가 많은데, 서브 에이스도 멋지고, 엔드라인 근처에서 패트리어트 미사일 같은 샷으로 스트로크 에이스를 만들려고 강하게 때리는 포,백핸드가 그렇다.

허나 한방으로 득점이 되는 경우는 몇 번이나 되고 성공 확률은 몇 퍼센트나 될까? 한방 샷이 팀 승리에 기여보다는 패배에 일조하는 폭이 더 크지는 않았을까?

게임 중 때에 따라 한 방도 필요하지만 무모하리만큼 한방만 추구하다 보면 테니스 본래의 묘미도 못 느끼고 전체적인 게임을 망칠 수가 있다.

단, 한 방을 추구하는 것이 나의 공격 본능이자 나의 스타일이고 내 멋이라면 굳이 말릴 수는 없다.

뭐, 끓는 피가 그렇다는데….

급선무

급선무(急先務)

- 〈맹자(孟子)〉

'가장 중요한 일부터 먼저 하라!

먼저 하고 나중 할 것을 안다면 도(道)에 가깝나니….'

"물유본말 사유종시(物有本末, 事有終始).

지소선후 즉근도의(知所先後, 則近道矣)."

'물(物)에는 뿌리(本)와 가지(末)가 있고, 사(事)에는 끝(終)과 처음(始)이 있다. 그 선후를 가릴 줄 알아야만 근원적인 도(道)를 깨닫는 대로 가깝게 다가갈 수가 있는 것이다.'

급하게 먼저 힘써야 할 것은 제대로 하지 못하고 당장 급하지 않는 것에 매달려 있는 것을 경고하는 글이다.

무릇 모든 일에는 경중이 있고 순서가 있다는 얘기다.

아무리 좋은 일도, 꼭 해야 할 일도 마찬가지다.

먼저 할 일도 못 챙기면서 나중 할 일을 간섭하는 이를 맹자는 급선무를 모르는 자라고 질책했다.

테니스를 하면서 맨 먼저 해야 할 중요한 일은 무엇일까?

초보자는 입문을 하여 레슨을 먼저 받으면서 기본적인 기술을 연마하고 테니스에 대한 예의범절(라켓 및 필요한 장비 구입, 복장, 규칙, 마음자세 등)도 배우면서 복식 경기 위주인 동호인 클럽의 정서도 알아야 할 것이다.

초보자는 먼저 진정한 테니스의 멋과 매력을 알아야지 중간에 어려움이 닥쳐도 쉽게 포기를 하지 않는다.

일정 기간이 지나서 기량이 향상되어 경기에 임하는 수준이 되면 코트 면 정리(클레이)는 기본이고, 부상 방지로 몸을 이완시켜주는 스트레칭은 필수, 게임 전에 충분한 연습 랠리로 내 몸의 컨디션을 최적의 상태로 만드는 일이다.

정리된 코트를 보면 마음도 설레고 플레이도 더 잘될 것 같은 생각이 드는 것은 코트 정리의 중요성을 말하는 것이고, 코트의 여제(女帝) 마르티나 나브라틸로바는 윔블던 대회에서 첫째로 하는 일은 본인이 뛸 코트의 잔디 상태(바운드, 속도)를 하루 전에 점검한다는 일화가 있는데 사진 준비성에 대해서 생각할 만한 대목이다.

그리고 몸이 웜업 상태가 되어야 자신 있는 샷이 나온다. 나와 파트너 그리고 상대의 어깨가 풀려야 타구의 강약 조절이 가능하지 않겠는가!

코트가 부족하지 않는다면 플레이를 종용하거나 서두르지는 말자. 스코어는 게임만 급하게 서두른다 하여 먼저 쌓아지는 것이 아니다.

군자불기

> **군자불기(君子不器)**
> '군자는 그릇과 같은 존재가 아니다'

각각의 그릇마다 그 쓰임이 정해져서 탄생하고 다른 쓰임으로는 그것을 용납하지는 않는다.

진흙으로 만든 옹기나 속이 훤히 들여다보이는 유리그릇, 또는 한 번 쓰고 버려지는 일회용 그릇 등 소재가 다른 그릇들은 용도에 맞게 사용돼야만 빛을 발할 수 있는 법이다.

공자는 가장 이상적인 인간형으로 군자를 제시하면서, 이런 그릇들에 비유하여 군자는 한 분야에만 정통한 것이 아니라 다양한 분야에 식견을 갖추고 있어야 하며, 또 서로 다름을 받아들이고 인정할 수 있는 사람이라고 정의한다.

즉, 한 가지 용도로만 쓰이는 그릇 같은 사람은 큰 사람이 될 수 없다고 말하기 위해서 '군자불기'라는 말을 사용한 것이다.

현 사회는 하나의 용도로만 쓰이는 그릇과 같이 한 분야만 깊이 아는 전문가보다는 다방면에 두루 잘 아는 박학다식한 제너럴리스트가 되어야 한다.

자신의 크기는 자신이 담고자 하는 양에 따라 바뀌는 게 아닐까?

고수불기(高手不器).
고수는 그릇과 같은 존재가 아니다.
한 가지만을 알고 의존해서는 코트에서 강자가 될 수가 없다.

코트에서 강자란 어떤 환경에서라도 경기를 할 때 어떤 상황에서도 본인이 가지고 있는 능력을 발휘할 줄 알아야 한다. 먼저 공을 치는 방법에서 보더라도 한 게임 동안에도 다양한 스트로크를 구사할 줄 알아야 한다.

테니스 한 게임 중에 한 포인트를 얻기 위해서는 위닝샷이 터지기 전까지는 과정이 있다.

서브로 시작되고 포, 백핸드스트로크 응수, 나름 시나리오를 만들면서 랠리가 이어지는데 대체로 긴 과정이 되기 전에 점수가 나버리기 십상이지만 그래도 몇 번의 공방을 주고받으며 포, 백핸드스트로크와 발리, 로브와 스매시까지는 진행이 된다.

이를 보더라도 게임 중에 최소한 몇 개 샷을 활용하게 되는데 결론은 아무리 강력한 한방 샷을 무기로 삼고 있다 해도 매번 한 가지 샷에만 의존해서는 게임을 원활하게 풀어나갈 수는 없다는 것이다.

득점을 기대하며 날리는 한방 샷의 성공률이 매번 보장되는 것도 아니고 상대가 나의 취약점을 파악하면 그쪽으로만 집중공략을 하여 나의 전력을 반쪽으로 만들어 무력화시키기 때문이다.

다음은 코트의 환경을 말하자면 코트는 세 가지 종류가 있다.

강한 체력과 스트로크가 요구되는 클레이코트, 빠른 볼과 낮은 바운드에 대응하기 위해 순발력과 집중력이 요구되는 잔디코트, 공격적인 플레이어에게 유리한 하드코트가 있다.

이처럼 코트마다 특성이 달라서 플레이 스타일과 사용하는 신발, 라켓의 스트링이나 텐션 등이 모두 다를 것이니 이제는 특정 코트에서만 잘해서도 안 될 일인 것이다.

코트에 맞게 특정 코트에서 독보적인 프로들이 있다.
라파엘 나달처럼 클레이 코트에서만 81연승의 강자가 있는가 하면 윔블던 잔디에서만 7회 우승의 금자탑을 쌓은 샘 프라스가 있고, 하드코트의 최강자로 군림하고 있는 페더러가 있지만 진정한 챔피언은 각 코트를 아우르는 힘으로 그랜드슬램을 달성한 선수가 아니겠는가.

이러한 상황들을 종합해 보면 개인마다 플레이할 때 가장 자신하는 주 무기 외에 여타 다른 샷들도 본인이 처한 상황에 따라 각각 다르게 활용할 능력을 갖춰야 하고 특성이 다른 각각의 코트에서 적응력 등 모든 걸 두루 갖춘 플레이어야말로 코트의 군자(제너럴리스트)가 아닐까 한다.

오일삼성

오일삼성(吾日三省)이란,

논어(論語)에 나온 것으로서 하루에 세 가지 자신을 반성하며 살라는 삼성(三省)의 정신이다. 공자의 제자였던 증자(曾子)는 세 가지를 반성하며 하루를 마감하였다고 한다.

일과를 끝낸 저녁, 잠자리에 들기 전에 그날 하루를 반성한다는 것은 의미 있는 일상이다.

증자는 하루 세 가지의 반성을 이렇게 말한다.

첫째, 남을 위해 최선을 다했는가?

부모와 자식에게, 나아가 주변에게 최선을 다하며 살고 있는가를 반성하는 것이다.

둘째, 친구와 신뢰를 다했는가?

친구와 이웃에게 신뢰를 얻으며 살았는가를 반성한다. 상호 간 신뢰는 관계에서도 중요하고, 내 주변 사람들과 신뢰의 Net-work를 제대로 유지하고 있는지를 반성하는 것은 무엇보다 중요한 일이다.

셋째, 새로운 배움을 완전히 습득했는가?

오늘 하루 배운 것이 완전히 내 몸으로 체득되었는가를 반성한다는 의미이다. 습득(習得)은 완성을 의미한다.

위인모이불충호(爲人謀而不忠乎),
남을 위해 최선을 다했는가?
여붕우교이불신호(與朋友交而不信乎),
친구와 신뢰를 다했는가?
전불습호(傳不習乎),
새로운 배움을 완전히 습득했는가?

인생이란 것이 그리 만만한 것은 아닌 듯하다.
만만하게 보았다가 큰코다치기에 최선을 다하는 것이고, 주변에 신뢰를 잃으면 모든 것을 잃는 것이기에 믿음을 다하는 것이다. 그리고 내 몸에 익히지 않는 것은 내 것이 아니기에 반복 숙달을 하는 것이다.

하루 세 가지 자기반성, 삼성정신(三省精神)
늘 나 자신을 돌아보는 것은 새로운 나를 만들기 위한 소중한 일상인 것 같다.

"일상 중에 나의 세 가지 반성 항목은 무엇입니까?"

"코트에서 오일삼성(吾日三省)은 무엇일까?

첫째로, 나는 모임에서 상대와 게임 중 나 자신을 속이는 풋폴트나 오버 파이팅, in-out 판정시비로 언성을 높이는 등 나의 언짢은 행동으로 상대 팀이나 다른 코트의 게임에 영향을 줌은 물론 그로 인해 전체의 분위기가 나빠지지는 않았을까? 또 먼저 나와 코트를 정리하고 사용하는 물건의 뒷마무리는 잘했을까?

두 번째로, 작은 이기심으로 나만의 재미있는 경기를 위해 파트너를 고르지 않았을까? 또, 승부욕을 불러 일으켜서 게임 중에 파트너에게 은근히 부담을 주는 행위와 파트너를 믿지 못하고 볼을 거의 다룬다면 이런 나를 주시하는 분들이 다음에 나랑 파트너를 하려고 할까?

세 번째는 특히 지는 경기는 기억에 오래 남아 패인을 분석하고 해법을 찾게 되는데 연습을 등한시하여 부족한 점을 보충하려는 나의 노력을 하지는 않고서 괜히 컨디션 탓만 하지는 않았을까?

반성은 성장의 밑거름이 되고, 일취월장은 뉘우침의 올바른 실천에서 나오는 것이거늘….

유능제강

> **'부드러운 것이 능히 강하고 굳센 것을 누른다'**
>
> 유능제강(柔能制剛) - 〈도덕경〉

어떤 상황에 대처할 때 강한 힘으로 억누르는 것이 이기는 것 같지만 부드러움으로 대응하는 것에 당할 수는 없다는 뜻.

병서(兵書)인 『삼략』에는 이런 대목이 있다.

"군참(軍讖)에서 이르기를 '부드러움은 능히 굳셈을 제어하고(柔能制剛) 약한 것은 능히 강함을 제어한다.' 부드러움은 덕(德)이고 굳셈은 적(賊)이다."

『노자』에 다음과 같은 글이 실려 있다.

"이 세상에서 물보다 더 부드럽고 약한 것은 없다. 그렇지만 굳고 강한 것을 치는 데 물보다 나은 것은 없다."

치망설존(齒亡舌存)이란 말도 있다.

단단하고 강한 이는 깨지더라도 부드러운 혀는 훨씬 더 오래 남는다는 뜻이다. 『설원(說苑)』이라는 책에 전하는 이 말도 강하고 모진 것은 쉽게 망하고 부드럽고 순한 것이 오래간다는 것을 가르치는 말이다.

테니스를 하다 보면 왕초보 시절에는 느끼지 못했는데 기량이 향상되어 일정 수준에 도달하다 보니 힘 조절이란 난제가 생겨났고, 초보를 벗어난 수준에서 가장 큰 고민이라 하면 어깨에 힘을 뺀 부드러운 스윙에 대한 생각이 많이 차지하리라고 본다.

'어깨 힘을 빼는 데 10년, 힙을 빼는 데 3년이 걸린다.'
테니스에서 어깨에 힘을 빼는 것은 엉덩이 살을 빼는 것보다 더 힘든 일인 거 같다.

문제의 어깨 힘은 왜 생기는 것일까?
그것은 그립을 견고하게 쥐다 보니 어깨까지 힘이 미칠 수가 있고, 찬스 볼에 강타를 의식하다 보면 마찬가지로 은연중에 힘이 생기게 된다고 본다.

똥파리는 막대기로 잡는 것이 아니라 회초리 같은 파리채로 잡는다.

어느 누구도 팔이 아닌 어깨의 힘을 빼지 못한다면 그 문제는 하수가 갖는 영원한 숙제로 남을 것이다.

대국자하류

대국자하류(大國者下流)

- 〈도덕경〉

우리는 늘 상류사회에 머물거나 편입되기를 꿈꾼다. 그런데 노자 「도덕
경」에서는 우리가 늘 꿈꾸는 상류(上流)는 인간의 허황된 욕망이 빚어낸
신기루 같은 것일 수 있다고 말하며 오히려 아래로 흐르는 하류(下流)가 되
어야 한다고 강조한다.

우리는 위로 흐르는 물, 상류(上流)가 되기보다는 아래로 흐르는 물, 하
류(下流)가 되어야 한다.

어깨를 으스대는 남성성보다는 낮춤의 여성성이 더 위대한 삶의 모습이
라는 것이다. 군림하려고만 들고, 상대방에게 강요하는 데 습관이 되어 있
다면 한 번쯤 생각해 보아야 할 화두이다.

노자는 이런 낮춤이라는 화두를 통해 새로운 성찰을 말한다.

강물과 바다가 백곡의 왕이 될 수 있는 이유는 아래로 흐르기 때문이다. 남보다 위에 있으려 한다면 반드시 상대방보다 낮추어야 한다. 상대방보다 먼저 있으려 한다면 반드시 몸은 뒤에 있어야 한다.

그렇게 때문에 위에 있어도 사람들이 버거워하지 않고, 앞에 있어도 사람들이 해롭다고 여기지 않는다. 그래서 천하의 모든 사람들이 즐겁게 그를 앞세우고도 싫어하지 않는다.

대국자하류(大國者下流), 큰 나라는 하류이어야 한다.
천하지교(天下之交), 그래야 천하의 모든 사람들이
모여들기 때문이다.

낮추어야 결국 살아남을 수 있다는 하류의 철학은 난세에 더욱 가슴 깊이 다가오는 화두 같다. '군림하려 하지 마라! 낮춰라! 그것이 진정한 경쟁력이 될 것이다!' 상류보다 하류가 한 수 위라는 노자의 성찰이다.

상류가 하류처럼 살기는 참으로 어렵다.

테니스장에서도 몸과 마음을 낮추면 나에게 이익이 된다.

첫째.
낮은 자세는 빠른 볼을 쫓아가는 준비성과 안정된 폼을 갖추는 중요

한 기초 동작이 되고,

　두 번째.

　대인관계 시 겸손한 모습으로 나타나 타인에게 호감과 친밀도를 느끼게 함으로 따르는 사람이 많고, 좋은 기억으로 남는 사람이 된다는 것이다.

　스스로 낮춘다 하여 결코, 자신이 낮아지는 것이
아니고 남들이 나를 낮게 보는 것도 아니다.

반구저신

> 반구저신(反求諸身)
> 모든 잘못의 책임은 나에게 있다는 뜻.

동양고전 중용에 '활쏘기는 군자의 태도와 비슷함이 있으니 그 정곡을 맞히지 못하면 돌이켜 그 원인을 자신에게서 찾는다'라는 뜻을 가진 반구저신(反求諸身)의 지혜가 있다. '나를 먼저 바르게 하고 남에게 책임을 구하지 마라. 그러면 누구에게도 원망을 사지 않을 것이다.

위로는 하늘을 원망하지 말고, 아래로는 남을 허물하지 마라.'라고 중용은 가르친다.

복식 게임 중 더러 상대에게 역습을 당하는 경우가 있다.

찬스 볼을 내가 확실하게 결정짓지 않으면 역공을 허용하게 되고 날카로운 반구는 내 파트너 옆을 관통하게 되고 볼을 막지 못한 파트너는 팬시리 미안해하지만 정작 그 실점은 내 탓이다.

공격을 하든지, 수비를 하든지 제대로 하지 못해 실점의 원인을 제공하고 게임의 흐름을 망쳤다면 파트너 원망할 생각 말고 본인이 책임지고 반성을 해야겠지~

알고 보면 파트너도 피해자다.

고신얼자

'임금에게 외면당한 외로운(孤) 신하(臣)와 부모의 사랑을 받지 못한 서자(孼)로 태어난 자식(子)이 누구보다 큰 사람이 될 수 있다.'

고신얼자(孤臣孼子) - 〈맹자〉

덕행과 지혜, 학술과 재치가 있는 사람은 언제나 환난 속에 있다. 사람이 반드시 재앙과 환란이 있으면, 능히 마음을 동하고 성품을 참아서 그 능치 못한 것을 더하게 된다는 말이다.

고신과 서자는 그 마음을 조심하고 두려워하며
환난을 걱정하기 때문에 사리에 통달하게 된다.

간절함 없이 이루어지는 것은 없다. 편안함은 현재에 안주일 뿐이고, 머문다는 것은 후퇴를 의미한다. 배가 고파야 사냥을 한다. 배부르면 잠만 올 뿐이다.

♦♦♦

금년 들어 테니스 라켓을 잡은 지가 34년 차가 됐다.

내 나이 서른에 입문하여 지금까지도 테니스에 대한 열정은 식을 줄을 모르니 이 운동, 가히 마력적이다 할 것이다.

흘렀던 세월과 나름 열심히 했던 노력에 비하면 아직도 실력은 미천하니 이 운동이 그만큼 어렵다는 것을 말해주고 앞으로도 기량 향상에 더 매진을 해야 된다는 뜻도 된다.

나름대로 어울리면서 운동할 수준에 이르기까지 얼마나 많은 우여곡절을 겪었는지(또 겪을 수 있는 상황이 올지도 모르지만) 돌이켜 보면 이젠 겨우 웃을 수가 있는 구력이 되었다.

지금의 실력이 되기까지는 두 가지 이유가 있었다. 하나는, 알아갈수록 어렵지만 기량향상에 대해 노력한 만큼의 결과는 꼭 있었기에 배우는 재미가 쏠쏠하여 스스로의 노력을 기울인 덕이고,

다음으로는 코트에서 겪는 애환이 자극이 되어 분발심이 생겼다고나 할까? 고수에게서 듣는 잔소리는 설움으로 남아 성장의 밑거름이 되었으며 '두고 보자'라는 오기가 은근히 발동했기 때문이었다..

이제는 젊은 날에 선악(善惡)으로 동기부여를 받았던 이것저것을 떠나서 평소의 기량을 유지하고 또 감각을 잃지 않고픈 간절함이 있기

때문에 비록 평일에는 코트에 못 나가더라도 집에서 이미지를 그리는 빈 스윙으로 근육도 기억시키는 등 자발적인 노력은 계속해서 이어지고 있다.

어쨌건 나의 기량 6할을 키운 것은 스스로의 노력이었지만 나머지 4할은 외부의 자극에서 비롯되었다고 생각하며 毒도 잘만 다스리면 좋은 약이 될 수 있음을 깨닫는다.

출기불의

'상대방이 전혀 예상하지 못한 시간에 출격하라'

출기불의(出其不意) - 〈손자병법〉

『손자병법』에서는 시간(time)과 공간(space), 그리고 속도(speed)를 전략의 3요소라고 이야기하고 있다.

상대방이 전혀 예상하지 못한 시간에 출격하라(出其不意), 상대방이 전혀 준비되지 못한 곳으로 공격하라(攻其無備), 상대방이 예상치 못한 빠른 스피드로 싸워라(兵者貴速).

누구도 예상치 못한 시간에 준비 안 된 빈 공간을 찾아내어 빠르게 공격하면 반드시 승리할 것이라는 『손자병법』의 전략 철학이다.

테니스의 한 점 승부도 손자병법에서처럼 시간(time)과 공간(space), 그리고 속도(speed) 이 세 가지 요소는 물론 게임 스코어의 전개와 상대의 심리상태 등을 잘 활용하여야 한다.

테니스에서 찬스를 포착하여 빈 공간으로 보내는 발리 포치와 패싱샷은 서로 정반대의 양상을 띠지만 성공을 하면 득점으로 이어지는 공통점이 있다.

복식 경기에서 상대 전위의 움직임은 리턴을 하는 사람에게 거슬리고 반대로 전위는 상대의 패싱이 염려되어 순간 포치가 주저하게 되니이는 센터 포치와 스트레이트 패싱샷을 두고서 상대의 전위와 후위 양자 간에 호시탐탐 수 읽기 싸움이 된다.

창과 방패.
뚫으면 득점, 막히면 실점…
막으면 득점, 뚫리면 실점…

팡-!

포치나 패싱은 한순간에 이루어지는 것.
의도된 행동으로 상대의 허를 찌르는 생각하는 테니스가 필요하다.

본립도생

군자는 먼저 자신의 근본적인 직무에 최선을 다하는 사람이다. 기본을 지키지 않으면서 다른 사람에 대해 얘기하면 설득력이 없다. 그리고 기본이 바로 서면 도(道)가 생긴다고 했다.

『내가 정말 알아야 할 모든 것은 유치원에서 배웠다』라는 스테디셀러 책이 있다. 꿈을 꾸며 세상을 지혜롭게 사는 방법은 유치원에서 다 배웠다는 얘기다. 사실 우리가 유치원이나 초등학교 때 배운 내용들은 모두가 기본을 가르치는 내용이라 그렇다.

이 세상을 살아가는 데 변치 않는 원리를 가르쳐 주기에 세월이 흘러 나이가 들어도 유치원이나 초등학교에서 배운 내용을 벗어날 수가 없다는 결론이다.

"정직하라. 친절하라. 인사를 잘하라. 꿈을 크게 가져라." 중요한 것은 성공 비결에 등장하는 기본적인 내용들이 어린 시절에 다 배웠다는 말이다.

테니스인의 기본과 道.

여기에서 말하는 테니스인의 기본이란 기술을 익힐 때의 기본자세가 아니고 입문 시 갖춰야 하는 마음 자세를 말하는 것이다.

좋은 운동 입문을 하였으면 초보 과정에서 테니스의 유래나 용어, 규칙, 복장, 매너에 대해서 숙지하고 기초실력을 쌓고 기본기를 다지는 데 옳은 방법을 찾아야 한다.

테니스는 겉보기와는 달리 힘들고 어려운 운동이다. 기량 향상이 더디더라도 묘미를 깨달을 때까지 중도에서 포기를 하지 않는 마음가짐이 필요하다.

일정 수준에 도달하게 되면 게임을 할 수가 있고 아마추어의 동호인들은 복식 위주의 경기가 주류를 이루므로 클럽 및 단체에 소속해야 활동이 가능하고 활동 시 클럽이나 단체모임의 정서를 알아야 하고 회원들 간 친목 도모와 적응을 잘하기 위한 기본적인 노력은 필수이다.

테니스의 여섯 가지 道

제1도는 상대방의 실력과 내 실력의 차이를 아는 것이니 이를 지(智)
　　라 한다.
제2도는 게임 중 움츠리지 않고 마음껏 칠 수 있는 능력을 말하니 이
　　를 용(勇)이라 한다.
제3도는 파트너를 믿고 파트너 볼까지 넘보지 않는 것이니 이를 신
　　(信)이라 한다.
제4도는 상대방의 실수한 것을 안타까워하는 것이니 이를 인(仁)이라
　　한다.
제5도는 피곤하고 힘들어도 동료를 위해 볼을 쳐주는 것이니 이를
　　의(義)라 한다.
제6도는 먼저 인사하고 솔선수범하는 것이니 이를 예(禮)라 한다.

　가르침을 보면 진정한 고수는 초보 시절 탄탄한 기초에서부터 실력
이 다져지는 것이고 실력을 기반으로 마음까지 갖춰진다면 육도(六道)
에 도달하는 것은 당연한 일이라고 여겨진다.

파증불고

중국의 후한(後漢) 시대에 맹민(孟敏)이라는 사람의 고사에서 유래.

맹민은 산동(山東)의 거록(巨鹿) 지방 출신으로 태원(太原) 땅에서 타향살이를 하였다.

어느 날 맹민은 시루를 등에 지고 길을 가다가 실수로 시루를 땅에 떨어뜨려 깨뜨리고 말았으나, 뒤를 돌아보지도 않고 계속 앞으로 걸어갔다(荷甑墮地, 不顧而去).

곽태는 자가 임종(林宗)으로, 태원 지방의 명사였다. 곽태는 맹민의 행동이 보통 사람과 다른 점이 있으므로 그에게 무슨 생각으로 그랬는지 물어보았다.

그러자 맹민은 "시루가 이미 깨졌는데 돌아본다고 무슨 도움이 되겠습니까?"라고 대답하였다.

보통 사람 같으면 깨어진 옹기 조각이라도 돌아보면서 탄식할 만한데 맹민은 뒤도 돌아보지 않고 훌훌 털고 가던 길로 그냥 아무 일 없었다는 듯 가버린 이 일화에서 "파증불고" 즉 "깨진 시루는 돌아보지 않는다."라는 말이 나왔다고 한다.

곽태는 맹민의 비범함을 알아보고 학문에 힘쓰도록 권유하였다. 10년이 지나 맹민은 이름이 천하에 알려지고 삼공(三公)의 지위에 올랐다.

파증불고(破甑不顧)란,
이미 지나간 일이나 만회할 수 없는 일에 대하여 미련을 두지 않고 깨끗이 단념하는 것을 비유하는 고사다.

2009-10 시즌에 이탈리아 토리노에서 열린 피겨스케이팅 그랑프리 파이널에 참가한 피겨 요정 김연아 선수. 빙판 위에서 고난도의 동작을 펼치는 김연아 선수를 볼 때마다 조마조마하는 마음 금할 길이 없었다.

칼날 위를 딛고서 점핑! 핑글~ 3회전, 2회전, 1회전 차자작~! 순간 삐끗하여 털푸덕~ 하고서 엉덩방아를 찧지만, 얼른 일어나서 다음 동작을 전개한다.

연기를 하면서 생기는 작은 실수지만 실수를 잊고서 그 여운을 끌고 가지 않는 놀라운 집중력을 발휘하며 뛰어난 위기관리로 높은 점수를 받아 점수 합계로 우승을 차지하며 우리에게 또 하나의 감동을 선사한다.

테니스도 게임 중에 에러가 발생 되고 파트너의 격려가 뒤따른다.
"자자~! 에러에 대한 생각은 잊으세요~"

잔상이 남아 마음의 구애를 받으면 다음 샷에 영향을 끼칠 수도 있
으니 되도록이면 좋지 않은 기억은 거기까지다.

육불치

육불치(六不治).

'사기(史記)'의 '편작열전(扁鵲列傳)'에 보면 편작은 어떠한 명의라도 도저히 고칠 수 없는 6가지 불치병이 있다고 강조한다. 일명 도저히 고칠 수 없는 환자 육불치(六不治)다.

편작이 제나라를 지나다 환후(桓候)를 보고 병이 있다고 하였다. 그때 환후는 겉으로는 멀쩡하게 보였지만 편작은 이미 병이 있음을 보았다. 당연히 환후는 편작이 나가고 난 뒤, "의사라는 것들은 이익을 좋아한다. 병이 없는 사람을 잡아서 공을 세우려 하는구면" 하고 말했다.

그러자 5일 뒤에 다시 편작이 환후를 보고 병이 처음에는 살갖(腠理)에 있었는데 이제는 혈맥(血脈)에 들어갔으니 병이 더 깊어질까 염려스럽다고 했다. 환후는 당연히 불쾌해하면서 자기에게는 병이 없다고 답한다.

이렇게 5일마다 찾아가 병을 말했지만 말을 듣지 않았다. 마침내 20일째에 환후가 병이 들었다. 사람을 시켜 편작을 찾았지만 이미 편작은 떠나고 난 뒤였다. 결국 환후는 죽었다.

이 일을 두고 편작이 여섯 가지의 불치병을 말한 것이다. 병을 치료하려면 먼저 나 스스로의 마음을 돌아보아야 할 것이다.

첫째, 교자부론어리(驕恣不論於理) 교만하고 방자한 자세로 건강에 대해 논하는 것,

둘째, 경신중재(輕身重財) 몸을 경시하고 재물을 중히 여기는 것,

셋째, 의식불능적(衣食不能適) 의복과 음식을 함부로 하는 것,

넷째, 음양병 장기부정(陰陽幷 臟氣不定) 음양과 장기가 일정하지 못한 것,

다섯째, 형리불능복약(形羸不能服藥) 몸이 극히 수척하여 약을 먹지 못하는 것,

여섯째, 신무불신의(信巫不信醫) 무당을 믿고 의사를 믿지 않는 것.

테니스장에서 잘 고쳐지지 않는 불치병은 무엇이고, 그 병은 정녕 고쳐지지 않는 것일까?

첫째, 서비스 풋폴트.

둘째, in-out 라인 시비.

셋째, 스코어 오류 시비.

넷째, 파트너의 잔소리.

죽은 이도 살리는 명의 편작이 말하는 육불치(六不治)는 개인의 해당 사항이고 그로 인해 생기는 문제에 대해서는 개인이 감당을 해야겠지만,

코트에서는 고쳐지지 않는 나의 나쁜 습관으로 인해 상대방과 주변에게 피해를 주게 되니 문제가 되는 것이다.

망매지갈

망매지갈(望梅止渴), 매실을 보며 갈증을 해소하다.

아무리 마음에 드는 물건이라도 가질 수 없는 경우를 '그림의 떡'이라 한다. 하지만 그림의 떡이 전혀 필요가 없을까? 아무런 실속이 없는 일이긴 해도 그림의 떡으로 굶주린 배를 채운다는 화병충기(畵餠充飢)라는 성어대로 허황된 공상으로 스스로 위안을 삼는 이점도 있다.

신 과일의 대명사 매실은 바라보기만 하여도(望梅) 입에 침이 고여 목마름이 해소된다(止渴)는 이 성어도 마찬가지다. 망매해갈(望梅解渴), 매림지갈(梅林止渴)이라고도 하는 이 말에는 또한 허황된 말로 남의 욕구를 자극하여 희망을 줄 뿐 실제적인 도움을 주지 못한다는 뜻으로도 쓴다.

중국 삼국시대 때 위나라의 조조가 대군을 거느리고 행군을 하고 있었다. 때는 한여름이라 무더위에 지친 장병들은 녹초가 되어 가는데 마실 물도 떨어진 지 오래였다.

수원을 찾지 못해 허둥지둥하자 전군이 한 발짝도 나아가지 못할 만큼 지치고 목말라했다. 잔재주에 뛰어난 조조가 한 가지 절묘한 꾀를 생각해 내고시는 병사들을 향해 외쳤다.

"저 산 너머에는 매화나무 숲이 있다고 한다. 거기에는 매실이 주렁주렁 풍부히 달려 있다. 어서 가서 맛도 달고 신 매실을 먹으면 갈증을 풀 수 있을 것이다(前有大梅林 饒子 甘酸可以解渴/ 전유대매림 요자 감산가이해갈)."

이에 병사들은 매실이라는 소리만 듣고 자신도 모르게 입에서 침이 돌면서 정신을 차려 행군을 계속했다고 한다.

'이미지트레이닝을 하면서 테니스 갈증을 해소하다.'

많은 스포츠인이 이미지트레이닝을 훈련과 접목하여 실전에서 활용한다는 건 이미 공공연하게 알려진 사실이다.

그러면 이미지트레이닝만으로도 효과가 있는 걸까? 그 훈련이 직접 내 몸에 근육량을 늘려주어 운동 수행 능력을 높여주는 건 아니지만 뇌를 활용한 근 신경계의 민감도를 향상하게 하는 상상 훈련을 함으로써 그 동작에 필요한 근육 신경에 자꾸 인지시켜 효과를 보는 거라고 할 수 있다.

가장 흔한 예로 우리들이 많이 들어본 쉐도우 복싱(shadow boxing)

또한 이런 이미지트레이닝을 이용한 방법이다. 실제 스파링을 하지 않고도 혼자서 앞에 상대가 있는 것으로 가정하고 동작을 수행하는 것인데, 그냥 앉아서 머릿속으로만 상상하는 것과 실제 연습해야 하는 동작이 접목되어 더 좋은 효과를 만들어 낼 수가 있다.

기량 향상을 희구(希求)하는 테니스 인들이 많다. 당장 코트에 나갈 수가 있는 처지가 아니라면 라켓을 쥐고 상상하면서 빈 스윙을 하고, 라켓마저 없다면 빈손으로 그립을 만들어서 이미지를 하면서 동작을 반복하면 그에 대한 갈증이 조금이라도 해소되지 않을까?

테니스 황제 로저 페더러와 맞붙는 공상은 생각만으로도 즐겁다. 원하는 샷이 상상한 거처럼 될 수도 있다는 희망이 희망을 낳으므로….

성동격서

성동격서(聲東擊西)

회남자(淮南子) - 병략훈(兵略訓)

    동쪽에서 소리를 내고 서쪽을 치다. 상대방을 교묘하게 속여 공략하는 것을 비유하는 말이다. 중국의 고대 병법인 《삼십육계비본병법(三十六計秘本兵法)》의 6번째 계책이기도 하다.

    「그러므로 용병의 도는 부드러운 것으로 적에게 보여 주고 강함으로 맞이하며, 약한 것으로 보여 주고 강함을 타며, 움츠리는 것처럼 했다가 펴는 것으로 대응하며, 서쪽을 도모하려면 동쪽으로써 보여 준다.(故用兵之道, 示之以柔而迎之以剛, 示之以弱而乘之以强, 爲之以歙而應之以張, 將欲西而示之以東.)」

    「동쪽을 치겠다고 소리를 내는 것은 사실은 서쪽을 치는 것이다.(聲言擊東, 其實擊西.)」《두우(杜佑)》 《통전(通典) 〈병육(兵六)〉》

◆◆◆

테니스에서 성동격서라 함은 여러 가지 상황이 나올 수가 있는데 병법에서의 비유와는 좀 다르게 해석하자면 최종적으로 득점을 하기 위하여 상대의 의표를 찌르는 샷을 하나하나 만들어 가는 과정이 성동이며 마지막 위닝 샷 득점이 격서라고 본다.

성동격서와 유사한 상황을 만들어 보자면…

첫째, 서브에서 코스 공략이 되겠다.
매번 상대의 백 사이드로 톱스핀이나 슬라이스만 넣다가 상대가 한쪽으로 너무 치우쳐서 자리하면 갑자기 포 방향으로 넣어서 리턴 자세를 무너트린다.

둘째, 네트 앞에 있다가 상대가 리턴 시에 센터로 포치를 나가는 척하면서 상대의 타구를 사이드로 유도하여 찬스 볼을 만든다.

셋째, 백스윙을 크게 하여 어프로치 샷을 할 것처럼 하다가 짧은 드롭샷으로 상대의 발을 묶는다.

넷째,
다섯째…

여기에 '테니스 공간'의 자근공 리더님의
설명을 더 보태자면…

경기운영에서 득점하고 싶은 반대편을 먼저 치는 것이 테니스의 기
본 전략이다. 물론 센터를 먼저 쳐 사이드를 노리는 것이 확률 높은 방
법이다.

크로스로 상대를 코트 밖으로 밀어내고 다운더라인이나 역크로스
로 빠르게 공격하는 것이 많이 사용되는 패턴이다.
드롭샷을 놓고 로브로 득점하는 방법도 같은 맥락이다.

결론은 예측을 빗나가게 하여 상대로 하여금 역모션 동작에 걸리게
하여 포인트를 얻는 전략이 되겠다.

수석침류

> **돌로 양치질하고 흐르는 물로 베개 삼다, 잘못을 인정 않고 억지 쓰다.**
>
> 수석침류(漱石枕流) - 세설신어(世說新語)

돌로 이를 닦고(漱石) 흐르는 물을 베개 삼을 수(枕流)는 없다. 잘못을 지적해도 잘못을 인정하지 않고 그럴듯하게 꾸며댈 때 이 말을 쓴다. 일의 앞뒤가 맞지 않거나 남에게 지기 싫어서 자기 것만 옳다고 억지를 부리는 것을 빗대 사용하기도 한다.

牽強附會(견강부회)나 我田引水(아전인수)다.

사람은 누구나 잘못을 저지른다. 알고도 잘못하는 사람은 적겠지만 모르는 사이에 잘못할 수도 있다. 그런데 자기의 큰 잘못은 넘어가고 남의 사소한 잘못만 눈에 띈다.

성경에서 '형제의 눈에 있는 티끌을 보면서 자기 눈에 있는 들보는 보지 못하는가'라고 깨우쳐도 어리석은 인간은 남의 탓만 한다.

♦ ♦ ♦

무더위가 해가 갈수록 심해지는 것 같고 몸소 체험을 해보니 예전부터 기상 이변에서 오는 재앙을 예고하는 전문가의 말이 섬뜩하게 느껴지는 요즈음이다.

주말 실내 온도가 30도인데도 전기세를 아끼느라고 에어컨도 틀지 않는데 굳이 집에 있을 필요가 있을까? 차라리 코트에 나가서 땀 흘리면서 경기를 관전하는 것이 나을 성싶어서 집을 나섰고 찜통 속에서 테니스를 즐기는 테니스 인들을 보니 부럽기까지 하다.

의자에 앉아 어깨 재활 운동을 하면서 게임을 구경한다. 건너 다른 클럽에서 나오는 시끄러운 소리가 들려서 유심히 바라보니 게임 초반인데도 시빗거리가 생겨서 한 분이 라켓을 팽개치면서 코트 밖으로 나가버려서 게임이 중지된다. 라인 시비가 연속으로 이어진 것이 이유 같기도 하다.

분명 두 팀(사람) 중 한 팀이 수석침류(漱石枕流)를 하고 있음이 분명하다.

경기 중에 스코어나 라인의 인-아웃 착오는 가끔씩 생기고 착오에 늘 본인이 유리한 방향으로만 결론을 내리는 사람들이 더러 있고 상대의 입장에서는 상습적인 그 사람의 행위가 보기 싫은 이유로 인정을 하지 않아 무의미한 시간만 흐른다.

판정이 애매하다면 원활한 게임 진행을 위해서 렛(let)/무효를 선언함이 무난하다. 그럼에도 불구하고 본인이 옳다는 주장만 내세우면서 억지로 일관한다면 그것은 양보를 손해라고 생각하는 그 사람의 인격 문제라고 본다.

　당신이 수석침류(漱石枕流)하여 만인이 불편하다는데 지나친 승부욕 때문에 본인 유리한 입장만 고수한다면 후일 다음 게임이 기약되겠는가?

　배려는 타인을 불편하지 않게 하는 것.
　예의는 타인을 불쾌하지 않게 하는 것.
　인격은 배려나 예의가 빠졌을 때 부끄러움을 아는 것.

여세추이

여세추이(與世推移): 세상이 변하는 대로 따라 변함

세상의 흐름에 독불장군처럼 변화를 거부하고 독야청청(獨也靑靑)하는 것이 옳은가, 아니면 물결치는 대로, 바람 부는 대로 탄력적으로 몸을 맡기는 것이 옳은가.

상황에 따라 결과가 달리 나올 수 있겠지만 세상이 변하는 대로 따라서(與世) 몸을 맡겨 밀리는(推移) 것을 변화에 잘 적응하는 것이라 찬양하기도 하고, 올곧은 사람으로서는 도저히 못할 일이라 타기하기도 한다.

자신을 흐름에 맡겨야 할지 그것에 맞서야 할지, 잘 판단하여 어느 것이나 대의에 맞아야 하는 것임은 말할 필요도 없겠다.

후한(後漢) 때 최식(崔寔)이라는 선비는 사소한 일에 얽매이지 않고 흐름을 잘 타야 성현이라고 말을 한다.

대저 성인은 어떤 일에도 구애받지 않고 세상의 변천에 따라 행동한다.

평범한 선비는 융통의 재능이 부족하여 마음으로만 괴로워할 뿐 시대의
변천에 적응하지 못한다

고성인능여세추이 이속사고부지변
故聖人能與世推移 而俗士苦不知變)

『후한서(後漢書)』「열전」에 실렸다.

테니스 경기는 입문 시 레슨을 통해 배우고 익혔던 기본적인 동작을
사용하고 그 동작들을 게임에 응용하면서 상대와 대적한다.

공격의 첫 시작인 서비스와 그 반대인 리턴, 네트를 두고서 상대와
볼을 주고받는 포, 백핸드스트로크, 공격의 우위를 점하기 위해 서브
나 어프로치샷 후 네트로 나가는, 테니스의 꽃 발리, 위기를 만들고 위
기에 대처하는 로브, 그리고 공격의 마무리인 스매시, 이렇게 나열해
보면 기본이 되는 것은 몇 가지 되지도 않는 동작들이다.

그런데 수많은 스포츠 종목 중에 가장 어려운 운동이라고 테니스를
꼽는 것은 라켓을 떠난 볼이 여러 형태로 변화를 하여 날아오기 때문
이다.

중급자 이상의 실력을 갖추려면 기본동작을 터득한 후에 게임 시에

시시각각 변화되는 상황에 따라 스스로 여러 구질을 구사할 수 있어야 하고 또 다양한 구질로 날아오는 상대의 타구 볼도 리턴을 잘해야 한다.

결론은.

상대의 스타일과 구질을 파악하고 일정치 않게 날아가는 볼의 속도와 높이, 방향과 거리에 따라 그때그때 달라지는 상황에 맞게 대처해야 한다는 소리다.

"평범한 선비는 융통의 재능이 부족하여 마음으로만 괴로워할 뿐 시대의 변천에 적응하지 못한다."

코트에서도 역시 실력이 미천하면 나만 힘들고, 괴로울 뿐이다.

폭노위계

> **"버럭쟁이가 되면 천하를 잃는다."**
>
> 폭노위계(暴怒爲戒) - 〈명심보감〉

우리가 인생을 살면서 무엇보다도 경계해야 할 일은 바로 갑작스러운 분노이다. 버럭 화를 내며 소리를 지르는 것은 예로부터 가장 경계해야 할 일로 여겼다. 갑자기 자신의 감정을 잃어버리고 분노를 분출하면 그 결과는 의외로 심각하게 벌어질 수 있다.

인성 교과서 『명심보감』에는 리더의 갑작스러운 분노에 대하여 이렇게 경계하고 있다.

당관자, 필이폭노위계(當官者, 必以暴怒爲戒),
'관직에 있는 자가 가장 경계해야 할 일은 갑작스러운 분노다. 사유불가(事有不可), 만약 아랫사람의 일 처리에 못마땅한 것이 있다면 당상처지(當詳處之), 마땅히 자세히 일을 살펴서 대처해야 한다. 필무불중(必無不中), 그러면 어떤 일이든 사리에 적중하지 않음이 없을 것이다. 약선폭노(若先暴怒), 만약 먼저 갑작스러운 분노를 표출한다면 지능자해(只能自害), 이것은

다만 자신에게 손해가 될 뿐이다.'

여기서 폭노(暴怒)란 버럭 화를 내는 '갑작스러운 분노'다. 분노 자체가 문제라기보다는 갑작스러운 분노를 조심해야 할 일이라는 것이다. 사실 분노를 포함한 희노애락의 인간의 감정, 그 자체에 문제가 있는 것은 아니다.

인간이기에 기쁘고 분노하고 슬퍼하고 즐거운 감정이 있을 수 있다. 다만 그것이 때를 잃고 명분을 잃었을 때 중용의 원칙에서 벗어난다는 것이다.

화를 내야 할 때 너무 참는 것도 문제고, 과도한 화를 내는 것도 문제다. 감정의 적절한 표현과 발산, 중용을 지키며 사는 사람들의 인생철학이다.

병중에 가장 큰 병이 화병(火病)이라고 한다.

가슴속에서 불이 나고 화가 치미는 병으로 어떤 약으로도 치료가 되지 않는 병이다. 자신의 마음을 다스리는 방법밖에는 없다.

분노는 상대방에 의해서 생겨나는 것이 아니라 내 안에서 일어나는 감정일 뿐이다. 내 가슴 안에서 폭발한 분노는 나와 타인에게 큰 상처를 입혀 회복하는 데 많은 시간이 걸릴 수밖에 없다. 자신을 다스리지 못하고 버럭 화내는 '폭노(暴怒)'는 무엇보다 주의해야 할 감정이다.

분노가 지나쳐 갑자기 나온 말에 찔리면 평생 아프다.

"주문이 잦은 팀이 패배가 보인다."

게임 중에 폭노나 분노까지는 그렇고 은근히 부아가 날 때가 언제일까?

복식 경기의 개념이 없는 파트너의 개인플레이나 성의 없는 태도, 매너 등등으로 동지 의식이 희박해질 때이다.

시시때때로 이런 상황이 오면 파트너에게 지적과 주문 또는 무관심 속의 침묵, 하이파이브로 전달되는 격려와 배려, 각각 이런 형태가 한 게임 중 일어나는 코트의 풍경이다.

테니스는 참으로 어려운 운동이다.
좋은 팀이란 경기의 상황을 함께 맞춰가면서 둘의 마음에 공이 흐르는 희(喜)와 노(怒)의 감정을 적절하게 표출, 상호 받아들이고 조절할 줄 아는 파트너십이 꼭 필요하다.

순간 화를 내어 과연 누구에게 이익이 될까?
코트에서 게임 중 설령 마뜩치 않은 일이 생기더라도, 스스로 화(火)를 다스리고, 파트너와 화(和)를 도모하는 여유로운 마음을 가져야 되지 않겠는가…

하필성문

하필성문(下筆成文): 붓을 들기만 하면 문장이 이루어진다, 글재주가 뛰어난 사람

단번에 막힘없이 시원하게 쓴 글씨를 일필휘지(一筆揮之)라 한다. 대체로 붓을 떼지 않고 쓴 글씨를 말하는 경우가 많은데 단시간에 완성한 그림도 포함한다.

감상하는 일반 사람들이야 순간적으로 쓴 글씨나 그려낸 명화를 보며 작가의 타고난 재주라고 탄복한다. 하지만 정작 작가의 갈고닦은 노력은 상상을 초월한다.

마천철연(磨穿鐵硯)은 쇠로 된 벼루가 닳아서 구멍이 나고, 여필퇴산(如筆堆山)은 닳아진 몽당붓이 언덕과 같이 쌓였다는 말이다. 추사체(秋史體)의 명필 김정희(金正喜)도 독진천호(禿盡千毫), 천 자루의 붓을 닳게 한 노력의 결과였다.

막힘없는 글씨와 그림에 비해 단숨에 지은 문장에 대한 성어도 있다. 중국 『삼국지(三國志)』 위서(魏書)에 나오는 조조(曹操)의 셋째 아들인 조식(曹植)은 '제가 말을 하면 경론이고, 붓을 드리우면 문장이 됩니다(언출위론 하필성장/言出爲論 下筆成章).'라고 하였다.

하필성장과 하필성문은 같은 말이다.

청나라 시인 왕세정(王士禎)은 조식과 이백(李白), 蘇軾(소식)을 신선의 재능을 지닌 단 세 사람이라 극찬했다. 어려서부터 총명하였지만 조식의 이런 재주가 타고난 재주만으로 된 것은 아니란 것은 모두 안다.

하채성구(下球成球) - 채를 휘둘리기만 하면 샷이 이루어진다, 샷이 면벽공심(面壁功深)의 경지에 이른 사람.

역대 최고의 선수로 평가받는 테니스 황제 로저 페더러,
부상과 재활을 반복하면서 건재를 과시한 흙신 라파엘 나달, '테니스 기계' '사이보그'로 통하는 무결점의 조코비치…

단번에 막힘없이 시원하게 쓴 글씨를 일필휘지(一筆揮之)라 한다면 테이크 백에서부터 팔로스루까지 거침없이 가는 이들의 3神의 샷은 궁극의 경지에 이른 일타휘지(一打揮之)라 말하고 싶다.

시대를 달리하고 다루는 도구도 다르지만 하얀 백지에 일필휘지(一筆

揮之)로 붓을 놀리는 추사 김정희와 대적을 하듯이 코트에서 일타휘지(一打揮之)로 스윙을 하는 3神의 모습이 오버랩이 되어 그려진다.

화신풍

화신풍(花信風): 꽃이 피는 것을 알리는 바람

믿을 신(信)에는 소식, 편지란 뜻이 있다. 그래서 통신(通信)이고 번개같이 소식 전한다고 전신(電信)이다. 얼음이 풀리고 꽃이 피면 봄이 오니 춘신(春信)이 되고, 꽃이 피는 것을 알리면 화신(花信)이다.

겨우내 오그라들었던 심신에 가장 반가운 소식인데 봄철에 피기 시작하는 갖가지 꽃에 따라 꽃잎에 스치는 바람이 모두 다르다고 화신풍(花信風)이라 했다.

양력 1월 6~7일께의 소한(小寒)부터 여름이 되기 전의 4월 20일경 곡우(穀雨) 사이 8개 절기 120일을 닷새 만에 한 번씩 각기 다른 24가지 꽃바람이 분단다.

눈서리를 뚫고 가장 먼저 피는 매화풍(梅花風)에서 멀구슬나무꽃 연화풍(楝花風)까지 이십사번화신풍(二十四番花信風)이다. 기막힌 감수성이 있어야 구분하겠다.

알려진 몇 가지 꽃만 보아도 대한(大寒)은 천리향 난초, 입춘(立春) 개나리 앵두, 우수(雨水)는 유채 살구꽃, 경칩(驚蟄)은 복숭아꽃과 장미, 춘분(春分)은 해당화와 배꽃, 청명(淸明)엔 오동나무와 버드나무꽃이 소식을 전한다고 한다.

겨울에서 봄이 왔다고 좋은 일만 이어지지 않으니 꽃이 전하는 소식을 시샘하는 바람이 꽃샘바람, 바로 투화풍(妬花風)이다.

중국 고대 풍속지 '세시잡기(歲時雜記)'나 '청파잡지(淸波雜志)'에 적혀 있고, 조선 중기 실학의 대가 이익(李瀷)의 대표적인 저술 '성호사설(星湖僿說)'에서도 24가지 화신풍이 소개된다.

구신풍(球信風).

온 누리에 갖가지 꽃을 피게 하는 것은 정작 절기마다 다른 기온이 작용하거늘 부는 바람이 꽃을 달리 피운다니 그 표현이 참으로 다채롭고 위트가 있어 보인다.

봄철에 피기 시작하는 갖가지 꽃에 따라 꽃잎에 스치는 바람이 모두 다르다고 화신풍(花信風)이라 했다면 코트에서 네트 위를 오가는 볼도 임팩트 시 어떻게 타구를 하느냐에 따라서 구질과 파워가 다르게 나타나니 이를 구신풍(球信風)이라 하면 어떨까?

일번신풍(一番信風)에서 이십사번화신풍(二十四番花信風)까지 피어난 꽃들을 예민한 감수성으로 구분을 하여 아는 거처럼 네트를 넘어 날아오는 구신풍(球信風)…

플랫, 슬라이스, 탑스핀 드라이브 등 구질과 볼의 세기를 잘 파악을 해야 거기에 따른 효과적인 대응이 가능하다고 본다.

※ 잘못 맞은 타구는 예측할 수가 없는 삑사리 볼로 몸을 움츠리게 하는 꽃샘바람과 같은 투화풍(妬花風)이라고 하자.

남기북두

남쪽 키 별과 북쪽 국자별, 이름과 달리 실제 쓸 수 없는 것.

이는 남쪽의 곡식 티끌을 골라내는 키(南箕)나 북쪽의 술 따르는 국자(北斗)란 말로서 동양에서 달의 공전주기 약 28일을 赤道帶(적도대)에 맞춰 별자리를 28개의 구역에 따라 나눈 수로 그중에서 箕宿(기수)가 남쪽에 있을 때 斗宿(두수)에 위치해 붙여진 별자리의 이름이라 하면 이해가 쉽다.

하늘에 있는 키와 말로 아무 것도 할 수 없다는 노래가 3000년도 넘은 중국의 시집 '詩經(시경)'에 실려 있다.

'남쪽의 키 닮은 별은 곡식을 까불어 날릴 수 없고
(維南有箕 不可以簸揚/유남유기 불가이파양),
북녘 국자 모양의 별은 술을 따를 수가 없네
(維北有斗 不可以挹酒漿/유북유두 불가이읍주장).'

✦ ✦ ✦

코트 밖에서 빈 스윙 때의 폼은 고수의 모양이 나타나나 실전에서
정작 볼과 마주치면 무너지는 폼이 하수의 동작이라 모양만 키고 또
국자여서는 유명무실(有名無實), 무용지물(無用之物)이고 형태는 있지만
정작 아무 쓸모가 없음이다.

모양과 그 사용을 일치시키는 것은
오로지 끊임없는 연습과 실전경험만이 가능하다.

자벌자불공

'스스로 뽐내는 자 이룰 수 없다'

자벌자불공(自伐者不功) - 〈노자〉

곧 타인과 사회 속에서의 공존과 공유가 아닌 허식(虛飾)에 사로잡힌 자만(自慢)으로 인해 바른 가치를 얻지 못한다는 뜻으로 볼 수 있다.

자견자불명(自見者不明),

스스로 드러내는 자 밝지 못하고,

자시자불창(自是者不彰),

스스로 옳다는 자 빛나지 못하고,

자긍자불장(自矜者不長),

스스로 자랑하는 자 오래갈 수 없고,

자벌자불공(自伐者不功),

스스로 뽐내는 자 이룰 수 없다.

노자가 역설하고 있는 주장은 허위(虛僞)로 가득 찬 인간들의 행태를 비판하면서 무욕(無慾)을 바탕으로 한 무위자연(無爲自然)을 강조하면서 이렇게 말한다.

기자불립(企者不立), 발꿈치를 들고 서 있으면 오래 서 있을 수 없고, 과자불행(跨者不行), 다리를 벌려 머뭇거리면 오래 걸어갈 수 없다. 이러한 허위로 치장된 억지 행위들은 더 큰 문제를 야기시키는 여식췌행(餘食贅行), 먹다 남은 찌꺼기 밥이고, 쓸데없는 짓이라 한다.

테니스 한 게임을 하면서…

내 서브권에서 첫 서브는 에이스를 생각하면서 플랫 서브를 넣지만 기실 에이스가 될 확률은 20개 넣었을 때 하나가 성공될까? 5% 미만이고 여기에 게임을 결정짓는 에이스가 나올 확률은 1%가 채 되지도 않는다.

서브 에이스도 그렇지만 스트로크 에이스나 볼의 속도를 줄이는 드롭 샷, 사이드로 빠져나가는 앵글 샷 등 고난도의 샷이 성공하여 득점하였다 하더라도 전세를 뒤집을 만한 상황으로 반전될 확률 또한 낮다.

그런데 왜 에이스에 집착하고 연연할까?
에이스가 될 확률이 5% 미만임에도 불구하고 기를 쓰고 강서브를 넣은 이유는 뽐내고자 하는 마음과 성공을 하여 작은 희열을 맛보고자 하는 마음도 있다고 본다.

물론 뽐내자고 하는 것은 아닐지라도 성공 확률이 낮은 샷을 반복해서 시도하는 것은 쓸데없는 고집을 세우는 것과 같으므로 제대로 하고자 한다면 성공확률을 최소 50% 이상 높인 후에 시도를 하라.

의미 없는 뽐냄을 찬사와 박수로 바꾸는 것은 본인의 노력밖에 없다.

비인부전 부재승덕

> "인간 됨됨이가 갖춰지지 않은 자에게는 가르침을 주지 마라. 생각의 바탕은 인품(人品)이다. 생각은 행동이자 선택이다."
>
> 비인부전 부재승덕(非人不傳 不才承德) - 왕희지

인격이 문제가 있는 자에게 높은 벼슬이나 비장의 무기를 전수하지 말며, 따라서 재주나 지식이 덕을 앞서가게 해서는 아니 된다는 말이다.

어떤 사람이 무슨 생각을 하고 사는지는 그 사람의 선택(選擇)을 보면 알 수 있다. 인성(人性)과 인품(人品)을 기른다고 당장 뭐가 잘되는 건 아니지만 인성이 평가받는 순간은 생각보다 빨리 온다.

평판(評判)이 만들어지는 건 순식간이다. 특히, 큰 위기(危機)가 닥쳤을 때, 혹은 큰 기회(機會)가 주어졌을 때야말로 그 사람의 인성(人性)이 확연히 드러난다.

인성(人性)이 제대로 형성되지 못한 사람은 아무리 머리가 좋고 재능이 뛰어나도 그것을 옳게 쓰지 못한다. 바르게 생각할 줄 모르면 바르게 행동

(行動)할 수 없기 때문이다.

생각은 나무처럼 가지를 뻗어 자란다. 한번 잘못된 방향(方向)으로 가지를 뻗으면 계속 그 방향으로 자랄 수밖에 없다. 그래서 간단한 일일지라도 원칙(原則)과 도덕(道德)을 지켜야 한다.

동진(東晋) 시대의 서예가 왕희지의 일갈은 우리들이 모여서 운동을 하는 테니스 코트에서도 큰 울림으로 남는다.

인간 세상에서 생긴 일들은 테니스 코트에서도 그대로 투영되며 그러기에 인성(人性)이 제대로 형성되지 못한 사람들의 이야기는 끊이지 않는다.

테니스에서도 그 인성이 드러나는 순간은 여러 형태로 나타난다.

게임 중에 습관적인 잔소리를 해대는 사람….
특히 위기 상황에 봉착하면 파트너에게 무슨 주문을 그리하는지 파트너의 능력이 따라주지 않는 주문은 해 봤자 팀 전력에 보탬이 되지 않음에도 불구하고 끊임없이 해댐은 그 사람 성품의 바탕이 그것밖에 되지 않기 때문이다.

게임 중에 in-out 라인 시비나 스코어 착각 역시 끊이지 않는 코트의 풍경이며 소문이 자자할 정도로 시비를 반복하는 당사자는 인성에 문제가 많은 사람이다.

가끔 상대의 볼이 in이었는데 서슴지 않고 "out"으로 판정을 한다거나 스코어를 본인에게 유리하게 우김질을 해대는 파트너를 보면서 부당함에 말하지 못하고 거기에 동조하면서 포인트를 취하는 내가 스스로 이상한 사람이 되기도 한다.

또 잠복된 인성이 시간이 감에 따라 드러나는 사람들도 더러 있는데 하급자 시절에는 나타내지 않다가 실력이 중급 정도(관내대회 은배 수준)가 되거나 상급자(남녀 전국대회 입상자)의 반열에 오른 순간 위상이 달라졌다고 생각하고서 태도가 일변하는 모습을 보게 되는데…

그동안 하지 않았던 잔소리를 한다거나 하수들과의 게임을 은근히 기피하는 것을 보면 테니스가 실력 본위의 운동인 것은 맞지만 실력이 조금 나아졌다고 거기에 맞춰 태도가 달라지는 것은 성품이 결여된 자가 스포츠의 본뜻보다는 본인만을 위한 이기심의 작용으로 이 또한 질서를 어지럽히는 행위라고 본다.

그리고 원칙을 지키지 않는 행위 중에 나쁜 습성의 한 가지로 코트에서 친선경기든 비중 있는 시합이든 게임 중에 풋 폴트가 만연(蔓延)되어 있는데 '네가 지키지도 않는 규칙을 나라고 지킬 이유가 뭐 있느냐'식의 라인 밟기를 너무도 당연하게 여기는 것을 보면서 '서로에게 인성은 없다'라고 판정을 내려 본다.

오죽하면 서성(書聖)으로 추앙받는 왕희지가 "인격이 문제가 있는 자에게 비기를 전수해시는 안 된다"고 하며 벼슬도 내리지 말라고 하였을까.

코트에서 원칙을 지키지 않는 자나 도덕이란 자체가 아예 없는 자. 이런 인성을 가진 자들은 애초부터 테니스 라켓을 쥐지 않았어야 했는데 말이다.

인품이 덜된 자가 벼슬길에 오르면 만백성이 고달프고 망나니가 보검(寶劍)을 쥐게 되면 애꿎은 사람 목숨만 사라지게 된다.

종신지우

"유교의 노블리스 오블리주"

종신지우(終身之憂) - 〈맹자〉

군자는 유교에서 꿈꾸는 가장 이상적인 사람의 모습이다. 공자는 군자의 의무를 강조하면서 이웃과 타인을 위한 희생의 덕목을 군자의 개념 속에 삽입하였다.

공자가 그토록 갈망했던 군자의 이웃사랑 덕목은 '우환(憂患) 의식'이다. 우환 의식, 이웃과 사회를 걱정하며 내가 과연 무엇을 할 것인가를 고민하는 의식이다.

이 우환 의식에 대하여 공자보다 130여 년 뒤의 맹자는 종신지우(終身之憂)라고 표현하였다. 종신지우, 그러니까 내 몸 다할 때까지 종신토록 잊지 말아야 할 숙명 같은 지도자의 근심이다. 그 근심은 개인의 근심이 아니라 지도자로서 백성들을 위해 봉사하고 혼신의 노력을 다하는 근심이다.

맹자는 종신지우와 대비되는 개념으로 일조지환(一朝之患)을 말한다. 아침나절 정도 짧은 시간 동안 가슴 속에 맺혔다가 사라지는 근심거리 말이다. 돈과 명예, 지위는 아침나절에 파도처럼 밀려왔다 사라지는 근심으로 지도자가 평생 가지고 갈 우환은 안 된다는 거다.

맹자는 이렇게 결론을 맺는다.
'평생 이웃과 함께 고민하는 우환의식이 군자의 덕목이며, 내 안위와 출세만 생각하는 일조지환은 소인의 근심'이라는 것이다.

군자유종신지우(君子有終身之憂), 군자는 종신토록 세상을 걱정하나, 무일조지환(無一朝之患), 하루아침에 왔다가 사라지는 개인의 걱정은 없다.

나 혼자 잘 먹고 잘살려면 절대로 리더가 되어서는 안 된다. 내 직원과 주변 사람들을 위하여 평생을 멍에처럼 지고 가야 할 종신의 근심을 가지고 있는 사람만이 진정 아름다운 군자의 칭호를 가질 수 있다.

우리는 무엇을 종신토록 고민하며 살고 있는가?

운동이 끝난 후 시원한 생맥주 한 잔으로 갈증을 한 방에 날려버리는 뒤풀이 좌석에서 어느 회원분이 이런 말을 한다.

"진짜 고수는 상, 하수를 가리지 않고 게임에 임하는 분이지 않나?"
"최소한 세 게임 중에 한 게임은 하수와 함께 발을 맞춰줘야지~"라고.

왜 이런 얘기가 나왔을까?

세상살이 고부간의 갈등이 해소되기 어려운 일처럼 코트에서도 실력 격차로 인한 상, 하수 간의 문제가 가끔 불협화음을 일으키고, 씁쓸한 기분이 애환으로 남아 앉은 좌석에서는 화두가 되기도 하며, 또 이런 얘기들은 매번 끊이지 않고 반복된다.

어느 누구든 코트에 나와서 흥미진진한 게임 하기를 원한다. 게임도 엇비슷한 전력의 팀끼리 맞추거나 상수에게 한 수 지도받는, 전력이 상향 위주로 짜인 게임 매치가 일반적인 상황.

복식 경기가 대다수인 국내 동호인 클럽에서 이러한 상황이 당연시된 지가 오래되다 보니 이제는 동네의 어느 클럽이든지 상급자 위주의 게임 안배가 고착돼 버렸다. 대다수의 초보자들은 나름 목적을 갖고서 테니스에 입문한다. 입문 후 레슨 과정을 거치고 기본기를 갖춘 후 게임에 관심을 가질 때가 되면 게임을 하고 싶은 욕망이 생기는데, 이러한 클럽의 속성을 모르는 분들이 대다수이다 보니 서로 간에 의식 차이로 인해 문제가 생기기도 한다. 이 과정에서 이러한 정황이 파악이 안 된 많은 하급자분들이 괜한 소외감을 느끼게 돼 테니스에 대한 막연한 동경에서 환상이 깨지면서 '라켓을 놔? 말아?' 하면서 고민을 하게 된다.

가끔씩 이런 말을 듣는다. 옛날에 비해 테니스 코트도 줄고 동시에 인구가 줄어서 저변확대에 문제가 많다고 코트든 사람이든 수효가 줄어들 땐 어떤 이유가 있기 마련인데 나도 나의 이기심으로 인하여 줄어

들게 하는데 한몫을 하지는 않았나?

나는 코트에서 내 즐거움만 추구하는
일조지환(一朝之患)의 사람일까?
전체의 분위기를 생각하는 종신지우(終身之憂) 사람일까?

우리들의 모임은 상급자들의 모범적인 행동으로 인하여 상하 누구나
가 편안하고 즐거운 테니스와 함께 행복을 추구하는, 테니스 클럽의
노블리스 오블리주이기를 바란다.

위편삼절

책을 맨 끈이 세 번이나 끊어지다, 독서에 힘쓰다.

위편삼절(韋編三絶) - 〈공자〉

책을 읽느라 정신을 집중한다, 몇 차례나 읽고 또 읽는다. 열심히 독서를 한다는 말로 흔히 인용되는 이 말은 엮은 책이 닳아 세 번이나 끊어지자(三絶) 그때마다 가죽 끈을 엮어(韋編) 읽었다는 공자(孔子)의 고사에서 나왔다.

얼마나 열심히 읽었으면 보통 실도 아니고 무두질한 가죽으로 된 튼튼한 끈이 끊어졌을까. 또 얼마나 중요한 책이었으면 세 번이나 다시 엮어 읽을 수 있었을까.

책(冊)이란 글자 모양에 남아 있듯이 2세기 초엽 후한(後漢)의 채륜(蔡倫)에 의해 종이가 발명되기 전까지는 대나무를 잘라 마디 사이를 쪼개서 편편하게 만든 죽간(竹簡)에다 기록했다. 여러 간을 합쳐 삼실이나 가죽 끈으로 맨 한 뭉치가 책(冊), 또는 책(策)이다.

춘추시대(春秋時代) 유가(儒家)의 창시자인 공자는 모든 학문에 정통했지만 만년에 이르러서야 배우기 시작했다고 하는 역경(易經)은 공자에게도 아주 읽기 힘든 고서였던 모양이다.

그 뜻을 완전히 터득할 때까지 몇 번이나 꾸준히 읽었다고 했다. 그러다 보니 책을 묶은 가죽 끈이 세 번이나 끊어졌다. 아니 삼절(三絶)이라 했지만 삼(三)란 숫자는 자주, 약간이란 뜻도 있으므로 한 번 끊어질 때까지 몇 번이나 읽었는지도 모른다.

테니스 라켓 줄도 위편삼절처럼 열심히 치는 사람이 자주 끊어진다.

끊어지는 경우가 다 다르지만 일반 동호인은 줄을 맨 후 치다가 끊어질 때가 대부분이고 스타일에 따라서 수명을 달리하기도 한다. 볼이 라켓에 잘못 맞은 틱사리로 끊어지기도 하지만 가장 이상적인 끊김은 열심히 쳐서 줄이 파워를 견디지 못한 끝에 라켓의 센터에 맞아 수명을 다한 경우이다. 또 텐션에 민감하여 원하는 대로 나오지가 않으면 바로 줄을 끊는 사람도 있다(가격은 줄에 따라 다르지만 대략 20,000~25,000원 선이다).

기억으로는 30대 후반에서 40대 중반까지 체력이 제일 왕성했고, 내가 가장 열심히 쳤던 그 시절이 나의 '라켓삼절' 아닌가 한다.

그 당시에 줄과 볼의 마찰이 가장 심한 톱스핀 드라이브 타법으로 파워까지 좋아서 줄(스트링)이 2주에 한 번씩 끊어짐으로 비용절감을 하기 위해서 줄을 타래로 구입하여 클럽 거트기(당시 수동으로 텐션 58~60파운드)로 매서 썼었다.

지금은 신체의 노화로 인해 라켓도 해머 스타일에 오버 사이즈로 텐션을 높일 수도 없고, 지난날에 비해 코트에 나가는 횟수도 연습이나 게임 수도 줄어서 줄의 수명이 반년도 더 가고 있다.

줄이 끊어지는 시기는 아무래도 연습량과 비례하고 그만큼 실력향상으로도 나타난다.

1주일 만에 끊어지면 일취월장이요,
2주일 만에 끊어지면 괄목상대이며,
한 달에 한 번 끊어지면 대동소이하지만,
반년에 한 번 끊어지면 도로무익이로다.

라켓을 오랜 기간 사용하지 않으면 줄이 끊길 일이 만무하고 또 하나의 줄이 생기는데 그것은 바로 라켓에 쳐진 거미줄이다.

둘.
테니스 사자성어

줄탁동시

요즘 어느 부처 장관의 취임사에서 일성으로 남긴 줄탁동시(啐啄同時)라는 사자성어가 세간의 화제가 되었는데, 그 의미는 어떤 일을 할 때 서로 동시에 협력을 해야 한다는 것으로 손발이 맞는 화합과 일치를 뜻한다.

병아리의 부화 시기가 되면 알 안에서 병아리가 껍질을 깨려고 여린 부리로 온 힘을 다해 쪼아대는데 세 시간 안에 나오지 못하면 질식하므로 사력을 다한다. 그것이 병아리가 안에서 쪼아댄다는 뜻의 '줄'(啐)이다.

이때 어미 닭이 그 신호를 알아차려 바깥에서 부리로 알을 쪼아줌으로써 병아리의 부화를 돕는다. 어미 닭이 병아리 소리를 듣고 알을 쪼아 새끼가 알을 깨는 행위를 도와주는 것을 '탁'(啄)이라고 한다.

스포츠에서도 소기의 목적을 이루기 위한
줄탁동시(啐啄同時)가 있다.

배구의 토스와 강 스파이크,
농구의 어시스트와 덩크 슛,

야구에서 포수의 사인과 헛스윙을 유도하는 투수의 피칭,
축구의 어시스트와 캐논 킥.

테니스 복식 경기에서 득점은 개인이 잘 쳐서 생기기도 하지만 좋은
파트너십으로 만들어지는 수도 많다.

게임 중에 한 사람이 찬스 볼을 만들고 파트너가 득점으로 연결시키
는 순간도 테니스 경기에서 승리를 위한 줄탁동시(啐啄同時)가 아닌가
한다.

우문현답

우측에 있는 파트너가 문제 삼으면
현실에서는 답답하기만 하다.

게임 스코어
5-1, 포리 피프틴…

더블 매치포인트까지 갔었는데,
우리가 왜 졌나?

아마, 그건 아직 game over가 아니라서…

대란대치

꼬막과 인생, 뒤집어야 산다!

벌교에서 물 인심 다음으로 후한 것이 꼬막 인심이다. 요 몇 년 벌교 꼬막도 수확량이 줄어든 것은 갯벌이 오염돼서만이 아니고 큰 태풍이 없어서이다.

꼬막 특유의 쫄깃한 육질의 비밀은 썩은 것들을 갈아엎는 태풍 덕이 8할이다. 뒤집고 엎어야 맛이 나고 소출도 많아진다. 하지만 그것이 어디 꼬막뿐이랴. 인생사도 마찬가지다. 평탄하게 고이면 썩는다. 때로 깨끗하게 한판 뒤집어야 한다.

꼬막의 쫄깃한 육질과 삶의 쫄깃한 긴장은 모두가 건강함의 다른 표현이다. 육질이든 삶이든 쫄깃해지려면 안주하지 말고 스스로를 뒤집어야 한다. 내 안에 스스로 태풍을 일으켜야 한다.

대란대치(大亂大治)란 말이 있다.
크게 어지럽혀야 크게 다스릴 수 있다는 말이다.

✦✦✦

　거창하게 자연을 거론하고, 인생을 들먹이면서까지
　테니스에 비유해보지만, 더 나은 테니스 실력을 갖추기 위해서라면
내 자체에 어떤 변화는 꼭 필요한 것이 아닐까?

　변화의 필요성과 동기는 어느 상급자의 멋진 샷과 날렵한 동작을 보
면서 감탄과 함께 외적으로 느껴지는 것도 있지만,

　게임 전 은근히 하수를 멀리하는 석연치 않은 코트의 분위기나 게임
중 승부에 집착하는 파트너가 날리는 멘트와 제스처 등 여러 가지로
속이 뒤집어지는 상황을 겪어야 한다.

　결국, 변화를 진화의 과정이라 여기고 내홍을 성장의 발판으로 삼는
다면 독(毒)을 다스려 덕(德)으로 승화시키는 마음의 자세가 중요하다고
본다.

2010. 11

치심치구

> 치심치구(治心治球).
> 마음을 잘 다스려야 볼도 다스려진다.

'치산치수(治山治水)'라는 용어는 '홍수나 산사태 등을 방지하여 수해(水害)를 예방하는 일'이라는 관용어다.

예로부터 국가경영의 근간이자 민생에 중대한 영향력으로 정치의 요체(要諦)로 비유되기도 한다. 중국의 고대 국가인 하(夏), 은(殷), 주(周)나라는 치산치수로 국가 통치의 큰 터를 이루었으며, 진나라도 치수에 성공하여 강국의 자리에 오를 수 있었다.

우리나라도 예외는 아니다. 가뭄과 홍수 예방에 성공한 임금은 성군으로 칭송받았다. 대표적 예로 영조를 들 수 있다. 수해를 막기 위해 준천사와 개천도감을 설치하고 준천 역사를 크게 일으키는 등 치수에 많은 공을 들였다.

이처럼 치산치수는 국가 지도자의 경영 덕목으로써 민생의 안정을 의미하고 백성을 평안하게 하는 일과 상통한다.

코트에서 상대와 게임 시 수많은 상황에 봉착을 하게 된다. 특히 승패의 분수령이 되는 순간에서는 심리적인 작용으로 말미암아 타구에 영향을 끼치는데, 이때 마음을 잘 다스리지 못하면 볼 또한 다스려지지가 않는다.

치산치수가 되지 않으면 나라에 사태가 일듯이
치심치구가 되지 않으면 라켓에서 반란이 인다.

노심초사

> **마음을 비우면 초조함이 사라진다.**

게임 주에 발생한 에러는
잘못된 자세와 동작에서 주로 나오지만,
마음에서 기인된 것도 상당히
많다고들 하니

게임 중에 지나친 소심함으로
전전긍긍하지 않도록 해야 한다.

장롱면허

장롱면허란 운전 면허를 득한 후, 오랜 동안 운전을 하지 않아서 별 쓸모가 없는 면허증을 말한다.

테니스의 장롱면허…

테니스 경기는 대개 몇 가지 샷들을 사용하면서 게임을 풀어나간다. 서브, 그라운드스트로크, 발리, 로브, 스매시 등 기술을 익히기 위해서 이론대로의 연습과 부단한 노력을 통하여 완성도를 높여간다 그러나 갈고닦은 기량을 막상 실전에서 사용하려면 그것이 쉽지 않다는 것을 알게 된다.

왜 그럴까?
그것은 처한 상황에서 볼을 조심스럽게 다루다 보니 생긴 현상 같다. 가령, 한 포인트만 득점하면 듀스를 간다거나, 동점 스코어를 만들수가 있다거나, 매치포인트를 잡았다거나 하면 오히려 심리적으로 위축되는 것이 보통의 우리들이다.

백드라이브 샷이 연습 시에는 잘 들어갔는데 실전에서 상대 볼이 백사이드로 오면 자세를 바꿔서 포핸드로 치거나 수비형 슬라이스로 라켓이 나가고 만다.

또, 서브 후 네트로 대시를 해야 하는데 순간 주저거리다가 전진하지도 못하고 다시 베이스라인 근처에서 긴 스트로크만 날리고 있다. 그러다 보니 처리하기가 어려운 곳으로 볼이 오면 가장 안전하게 보내겠다는 생각만 있을 뿐이다.

결국, 연습했던 대로의 모습은 자취를 감추고 에러에 대한 부담으로 마음의 구애를 받는 연습과 실전의 차이가 아닌가 한다.

복식 경기의 특성상 의식되는 파트너와의 관계, 고비에서의 위기관리 등 상수 하수 어느 누구든 중요한 시점에 봉착하면 에러에 대한 앞선 염려 때문에 공격과 수비에 필요한 어떤 샷에서든 자유로울 수는 없다.

내가 연습하고 익힌 기술들을 실전에서 써먹지 못하면 무용지물! 내 실력은 거기까지고 이것이야말로 테니스의 장롱면허 소지자가 아니겠는가?

장롱면허 탈출, 파트너와 함께 뛰는 복식경기에서 샷 하나하나가 경기의 흐름에 영향을 끼치므로 볼을 아껴야 하고, 조심스러운 부분이 많아 시도 자체가 쉽지는 않지만 이를 극복해야 한다.

에러를 하면 파트너에게 미안한 마음이 들지만

마구잡이로 쳐대는 것이 아니라면 설령 에러가 나와도 파트너는 그 마음을 헤아려주겠지?

이렇게라도 하지 않으면 당신의 실력은 영원히 장롱 속에 묻히게 된다.

피차일반

힘이 든 상황은 서로 같으니 상대에게 의연한 모습을 보여야 내게 이롭다.

아직도 즐거운 기억이 생생한, 30년 전 초보시절 이야기다. 테니스 입문 3년 차 되던 해 초보 티를 겨우 벗기 전, 아주 무더운 여름날 이벤트가 열렸는데 보양식에다가 수박, 맥주, 기타 등등 타이틀이 거창하다.

경기 방식은 동, 서군 양 팀으로 나누어 4복식에 1단식 그리고 3전 2선승제로 진행을 했는데 그땐 어떤 방식이든 어느 한 팀에 소속되어 이런 경기를 하게 된 자체가 설렘과 흥분을 동반시켜서 마음이 너무도 고무되었다.

양 팀은 전력을 비슷하게 맞춰 오더를 제출하여 게임은 시작되고 서른 초반의 나는 팀 내에서 제일 젊다고 단식경기에 편성이 되었다. 앞의 복식 두 경기가 1승 1패로 끝나고 3번째 단식 경기.

8월의 땡볕 아래 비교적 맞수와 시소게임의 팽팽한 접전을 펼치는데 볼을 쫓아가는 속도는 전광석화 같지만 타구 시에는 네트를 조심스럽게 넘기고, 넘어 오고, 서로가 안전하게 치려고 하다 보니 강타 없는 타구라 더욱 오래가는 랠리로 인하여 체력 소모가 더하다.

"푸하,푸하~~"
"헉헉헉, 컥컥커~헉"

'오매~ 난 죽겠구만~'
'저 인간은 지치지도 않은가 보네?'
너무 힘들어 기권하고 싶은 생각도 들고 하여
짠한 모습을 연출했더니…

팀의 고수 형이 다가와 속삭이듯 하는 얘기.
"힘들지? 너 힘든 만큼 쟤도 힘들어~"
'…?'

엇비슷한 전력에서는 내가 힘들면 마찬가지로 상대도 힘이 드나 보다.

승부를 가르는 요인이 정신적인 것일 수도 있다고 생각하면 게임 중 비록 힘들지만 아무렇지도 않는 듯한 표정 관리도 상대를 지치게 하는 또 하나의 전력이 되지 않을까?

오비이락

오비이락(五悲二樂)
다섯 가지의 어려움을 극복해야
두 가지의 기쁨이 생긴다는 뜻.

다섯 가지 어려움.

하나, 초보 단계에서 기술을 마스터하는 과정
둘, 위기에 흔들리는 마인드 콘트롤,
셋, 복식에서 파트너십
넷, 컨디션 난조를 가져오는 여기저기 잦은 부상
다섯, 지속적인 실력 유지

두 가지 기쁨.

하나, 좋은 벗들을 만나면서,
둘, 건강도 지키는 운동.

배(梨)도 익어야 떨어지듯이
두 가지 기쁨도 그냥 얻어지지는 않는다.

고진감래

  개그맨들의 심변 잡담이 시청률이 좋아 그런지 각 방송국마다 입담 겨루기 프로들이 주류를 이루고 어떤 중견 개그맨이 모 방송국의 오락 토크쇼에 출연하여 공채로 입사하여 오늘의 자리에 오르기까지 겪었던 일들을 이야기한다.

  개그맨 공개 채용에 어마어마한 경쟁을 뚫고 합격이 되니 마치 이 세상 전부를 얻은 거처럼 그리 좋았는데 합격의 기쁨도 잠시… 오랜 시간 집에서 대기하는 동안에 드는 오만 가지의 생각이 드는데 개그맨 면허증만 땄지 그 후에 불러주지 않거나 잘 나가지 않으면 보통 사람보다 더 못하는 처지를 말한다.

  그렇게 힘든 시간 6개월이 넘게 흐른 어느 날 방송국에서 출연 섭외 차 연락이 왔더란다.

  "야호~!"
  첫 출연의 마음가짐으로 뭘 챙겨가야 하는 준비물은 없나? 하며 세세히 물었더니 "아~ 그거요~ 반바지에 반팔 차림으로만 오세요~"
  '…? 무슨 프로에 어떤 내용일까? 근데, 반바지에 반팔? 복장이 좀 껄쩍지근하네? 야야야~ 그게 무슨 대수야~ 데뷔 무대에 서게 되는데…'

기대와 설렘이 잠을 쫓았는지 밤새 한시도 눈을 붙이지 못한 채 날이 새더란다.

첫 출연 하는 프로그램은 오락프로였는데 내용인즉 '모기는 어떤 혈액형을 더 좋아하는가?'라는 실험 코너였다. A형, B형, O형, AB형 혈액형마다 푯말이 붙은 각 모기장 안으로 찾아 들어가 누우라고 하여 누웠는데 한참 동안 모기에 피 뜯기며 천정을 바라보니 자괴감과 함께 찾아드는 참담한 심정…

다음에 연락이 또 왔는데 같은 복장에 장소만 틀린 곳, 어디 어디 소방서로 오라고 하여 갔는데 이번엔 수압 테스트로 '소방차의 호수에서 엄청난 수압으로 터져 나온 물세례를 정면으로 맞으면 어디까지 튕겨져 나가나?' 하는 실험이었다.

반팔 반바지 복장으로 불을 끄는 소방차의 호수에서 거대한 물대포를 맞고서 후방으로 튕겨져 나간 몸뚱아리, 젖은 몸 비틀거리며 일어나는 스스로의 모습이 얼마나 비참했던지.

합격 후 대기했던 시간은 차라리 행복한 투정이었다고 말하며 수차례나 그만두고 싶었던 그 당시를 회상하며 미간을 모은다.

그러나 첫 번째도 이겨내고, 두 번째도 견뎌 내니 나가서 촬영하는 횟수보다 스튜디오 안에서 녹화하는 횟수도 많아져 기회다 싶어 나름대로 끼를 발산하여 서서히 인정을 받게 되어 여러 방송국에서 출연 섭외가 들어오더란다.

"광고 대박이 터져야 할 텐데~" 하고 웃으면서 이야기를 마치는 그가 달리 보이고 참 멋져 보인다.

개그맨이라 하여 남을 웃기는 줄만 알았는데 이 자리에 서기까지 숱한 과정 중에 버티기 힘들었던 사연과 마음 상태를 전해 들으니 가슴이 찡하며 콧등이 시큰해져 온다.

이 세상을 살아가면서 사업을 하든, 직장생활을 하든, 운동을 하든, 그 무엇을 하든 쉽게 되는 일은 하나도 없는 거 같다.

우리가 좋아하는 테니스. 기량 향상이 이처럼 더디게 되는 운동이 어디 또 있을까? 또, 기량이 향상되고 이제부터 게임을 하는 과정에서 생기는 여러 가지 일로 마음 상함이 이보다 더 큰 운동이 과연 몇 종목이나 될까?

어느 개그맨의 인내심을 보면서 어렵고, 힘이 든 만큼 견뎌 내면 보람과 대가가 꼭 따른다는 교훈을 얻어간다.

십시일반

십시일반의 사전적인 정의는 열 사람이 한 숟가락씩 밥을 보태면 한 사람이 먹을 만한 양식이 된다는 뜻으로, 여럿이 힘을 합하면 한 사람쯤은 도와주기 쉽다는 것을 비유적으로 이르는 말이다.

고교 시절 도시에서 유학 생활을 하면서 아침에 책가방을 챙기느라고 급하게 서두르다 보면 가끔씩 하숙집 아줌마가 싸준 도시락을 깜박 잊고 등교를 할 때가 있었다.

학교에 와서 뒤늦게 알게 되면 대략 난감…
초등학교 고학년 때는 빠트린 도시락을 집에서 가져다주기도 해서 점심때 굶진 않았는데 이런 상황이 되면 시골집이 그립기도 하다.

한창 클 나이라 숟가락 놓기 무섭게 돌아서면 배 속에서 꼬르륵~ 이대로 굶을 수는 없어 점심시간에 친한 친구의 도시락 뚜껑을 빌려서 교실 한 바퀴를 돌면서 동냥을 하는데…

밥 한두 숟갈씩, 반찬도 조금씩 얻다 보면 밥과 찬이 도시락 뚜껑 안에 가득히 쌓여 점심이 색다른 진수성찬이(?) 된다.

친구들이 조금씩 표 안 나게 나눠준 밥과 반찬으로 만들어진 한 끼의 식사는 맛도 맛이지만 마음이 듬뿍 담긴 정(情)의 식단이라서 세월이 한참 흘러 어른이 된 후에도 잊지 않는 추억의 별미로 남아 있다.

테니스 한 게임…

어느 누구라도 붙임성도 없는 성격인데다가 실력마저 하수면 함부로 게임에 나서기가 어려운 것이 코트의 정서이다 보니 코트에서 하수는 늘 심적으로 외롭고 누군가의 챙김을 바라기도 한다.

여기에서 고수와 하수 간의 갈등이 생기고, 외면과 챙김, 또 서운함과 고마움으로 인해 서로 간에 끊임없이 생기는 애환이 이 운동이 가지는 특성이 아닐까?

어느 누구든지 코트에서 재미있고 박진감 넘치는 경기를 기대하면서 코트로 나선다만 가끔씩 기대한 대로의 게임이 이루어지지 않는 것은 어느 동네 클럽에서도 볼 수 있는, 고수와 하수 실력의 편차와 은연중에 가려서 인위적으로 짜는 매치 게임 때문이다.

게임 전력의 균형이 맞지 않아서 그렇게 편을 가른다지만 그렇다고 번번이 소수의 즐거운 게임만 추구하다 보면 상대적으로 소외감이 생기는 누군가가 있을 것이다.
거두절미하고 우리가 늘 한마음으로 어울리기를 바란다면 여러 명의 고수가 눈높이를 낮춰서 한 게임씩만 챙겨줘도 하수 한 분은 재미있는 게임을 할 수가 있다.

 내가 한 게임 함께하여 상대에게 즐거운 경기가 된다면 이 또한 '십시일반'의 마음이 아닌가 한다.

 한 숟갈씩 덜어서 성찬의 점심을 만들어 주는 마음처럼 내가 또 네가 코트에 나와서 뛰는 서너 게임 중에 하수분이랑 한 게임씩만 챙겨 줘도 모두의 마음이 넉넉해지는 클럽이 되리라 생각해 본다.

사미인곡

네 분의 미인을 통해서 얻은 마음의 울림.

첫 번째 여인.

바운드 큰 스핀 서브가 그녀의 백사이드 깊숙이 꽂히는데 리턴은 가볍게 커트를 하듯 툭~ 갖다 대면서 네트를 향해 전진 발리하면서 다음 볼을 기다린다.

'아! 앞에 벽이 생겼네…'

구력은 10년이 넘었지만 대외적인 활동이 거의 없이 동네 클럽에서만 볼을 치던 시절… 국화부 언니 한 분 없는 클럽이었기에 바깥세상에서 접한 생소한 환경에 적응하는데 무척 애를 먹었고, 게임을 하면서 엔드라인에서 아무리 강력한 스트로크를 날려도 네트 앞에 서서 여유롭게 볼을 처리하는 '엘리자님'이 마치 철의 여인으로 보였다.

두 번째 여인.

스피드가 없는 세컨 서브가 밋밋하게 서비스라인에 떨어지는 순간 잔발의 움직임과 동시에 돌아서서 볼을 잡아 포핸드 플랫으로 강타를 한다.

'어떻게 하면 저런 스피드와 파워가 나올 수 있을까?'

그녀가 테이크백을 하는 순간 동작을 멈추고 볼을 맞을 준비를 하는데도 미처 손쓸 겨를도 없이 볼을 쫓는 눈보다 빠르게 총알처럼 네트 중앙을 통과하는 볼. 어느 위치, 볼의 높이나 각도에서도 물 흐르듯 부드러운 스윙으로 불을 뿜는 타구. '들장미님'은 실미도에서 고도의 훈련을 받은 여전사처럼 보였다.

세 번째 여인.
서브 리턴에 무척 신경이 쓰이는 그녀의 전위 플레이. 중요한 고비에서 상대의 공격을 무력화시키고 어깨에 힘이 들어가게 하는 현란한 전위 플레이로 상대의 맥을 간단하게 끊어버린다.
'어떻게 넘겨야 무사히 통과하나…?'

네트 앞에서 예측 불허의 포치로 타(技)와 예(藝)의 샷을 구사하는 '메아리님'은 선천적으로 타고난 감각과 스파르타식 훈련을 견뎌낸, 과연 연식 정구선수 출신다웠다.

네 번째 여인.
보기에 가녀린 몸매라 게임 풀이가 수월하겠지? 했는데 이건 뭐, 끈질김이 고래 힘줄이요, 맞발리 코스는 빈 곳과 반 박자 빠르게 허를 찔러대는 통에 당할 재간이 없구나. '정말 볼을 보낼 곳이 없네…'

안정된 자세와 볼을 잡는 빠른 눈을 가진 '광화문연가님'. 그 모습이 일본 창의 명수 이누치오와 대적할 만하였다.

사미인곡은 그동안 여성들과 경기를 하면서 선입견만 가지고 판단했다가 혼쭐난 사연의 일부이며, 고수에게는 성별에 큰 의미가 없다는 것을 새삼 깨닫게 되었다.

내로남불(아시타비)

본사와 통화 중에 "그것 참 내로남불일세~"라고 하기에 나는 무슨 사자성어인줄 알았더니 티비 정치권 뉴스를 전하는 아나운서가 "내가 하면 로맨스, 남이 하면 불륜"의 경우를 들면서 '내로남불'이 나오기에 그제야 신조어라는 것을 알았다.

'내로남불' 사전을 찾아보니[실제 사자성어는 아시타비(我是他非)] 남이 할 때는 비난하던 행위를 자신이 할 때는 합리화하는 태도, 자신의 잘못에는 관대한 반면 남의 실수에 대해서는 강하게 비판하는 태도를 이르는 말로 나와 있다.

특히 정치판에서 권력이 바뀔 때마다 허다하게 생기는 것 같고, 도로에서 누군가가 운전 예절이 없는 경우를 보게 되면 그 사람을 욕하면서 나도 그런 행동을 똑같이 할 때가 있으니 이거야 원~

'내로남불'의 경우가 비단 거기뿐이랴.
테니스의 동호인 복식 경기에서 경기 중에 '내로남불'이 종종 생기는데….

단식에서 프로선수들은 득점과 실점 그리고 승패에 대해서는 본인의 몫이고 결과에 대한 책임이 따르지만 동호인의 복식 경기는 본인이나 파트너가 잘해서 승패를 짓기도 하고, 또 에러에 의해 결과가 많이 좌우되고 있으니 오죽하면 테니스는 에러 싸움이라는 소리를 하겠는가.

하여 남을 탓하기가 알게 모르게 생기기도 하는데

파트너가 했던 에러를 나 역시 똑같이 하지 않으리란 법은 없다.

승패에 많은 영향을 끼치는 에러.

파트너가 하면 결정적인 순간의 실수이고 내가 하면 별 문제 삼지 않는 '내로남불'은 파트너와 갈등의 시작이며 보이지 않는 전력의 손실이니 차라리 '내불남로'로 내 불찰을 탓하고 파트너를 위로하는 관대한 마음을 품음직하다.

남 탓을 자주 하면 돌아오는 것은

'너나 잘 하세요~!'다.

이구동성

테니스를 어느 정도 아시는 분들은 한소리로 이렇게 말을 한다.

"무작정 강타는 득보다 실이 훨씬 더 많은 거야"라고….

축구 해설자 왈(曰),
축구에서 골은 긴 드리블 끝에 골키퍼와 일대일로 맞설 때 넣는 골이나 중거리 롱킥이나 캐넌 슛도 좋지만, 마지막 패스에 의해 골 망 안으로 들어가는 거라고.

둥근 볼.
패스, 패스로 이어져 마지막 빈 공간을 만들어서 결정을 내는 것이 더 중요하다고 말함이겠지.

코트에서도 경기 중 곧바로 찬스 볼이 오지 않는다.
양 팀 서로 찬스 볼을 만들기 위해 일진일퇴의 공방전을 하고, 유리한 상황이 좋은 결과를 가져오게 된다.

1구.
볼을 안전하게 보내 공수에서 내게 유리한 상황을 만들어간다.

2구.

공격 주도권을 잡으면 어프로치샷으로 상대 코트 깊숙이 볼을 보낸 후 네트 점령.

3구.

발리, 스매시 찬스 볼

파앙-!

이구동성,

결정구를 만들기 위해서 2구째 동작을 성공시켜야

한다는 연결구의 중요성을 강조한 테니스 용어다.

영계백숙

> **초보자가 풀어야 할 백 가지 숙제.**

게임 관전을 하거나 파트너로 게임을 같이 하거나 했을 때 가끔 개념 없이 경기를 하는 초보자 분들을 본다.

예를 들어 같은 팀 서브인데 게임스코어를 잘 모르고 본인의 서 있는 위치를 깜박한다든지 볼이 움직이는 상황에 따라 공수의 위치가 수시로 바뀌는데도 도로 주행 시 차선 변경을 하지 못한 어느 초보 운전자처럼 경직된 몸으로 장승처럼 서 있다든지 등등. 이외에도 여러 가지가 있겠다.

초보자는 볼을 치기 위해 기본적인 동작을 익히는 것이 우선이겠지만 나중에 게임을 하기 위해서는 아주 기본적인 사항을 숙지한 후에 경기에 임해야 한다.

갖춰야 할 가장 중요한 덕목인 테니스 예절부터 시작하여 룰과 용어의 사용, 코트의 정의, 게임 시 내가 서야 될 위치, 포지션 할애, 기본적인 게임 전술, 응용 등등.

   알고 보면 누가 알려줄 리 없고 눈치껏 하다 보니 몰라서 그랬던 것
이 대부분이라는 생각은 들지만, 꼭 백 가지가 아니라도 아주 필요한
사항만이라도 잘 익혀서 경기에 임하면 테니스에 대한 이해와 게임을
풀어 나가는데 도움은 물론, 파트너에게 듣는 잔소리도 줄이는 길이
아닌가 한다.

욱일승천

> 순간 '욱' 하는 마음을 의기로 다스려 날마다 기량 쌓기에 정진하니
> 비로소 용이 되어 하늘로 오른다는 뜻.

테니스, 이 어려운 운동을 어떤 말로 어떻게 표현할 수 있을까? 선수 생활을 하지 않고 일반 동호인으로서 테니스란 운동을 시작한 사람들의 애로사항을 보면 크게는 두 가지인 거 같다.

첫째는, 게임에 임할 때는 상황에 맞는 각 샷의 기술을 구사하는데 초보라면 그 수준의 실력을 가지고 게임에 임하려다 보니 본인 스스로가 적응의 어려움이 따른다.

두 번째, 동호인 시합은 복식위주의 게임이 많다 보니 실력 차이에서 오는 애로사항이나 특히 파트너와 문제로 인한 갈등이 야기된다.

첫째는 테니스 생활을 영위하는 데 기본이 되는 사항이며 필히 일정 수준에 도달해야 만이 그 다음이 원만하게 이어지고 아니고의 문제로 남는다.

많은 사람들이 첫째와 두 번째를 겪는 과정에서 몇 번의 '욱'이 찾아

온다고 말을 한다. '아~ 이걸 계속 해야 하나 말아야 하나?' 하는 갈등이다.

이런 어려움을 극복하지 못하면 안타깝지만 테니스의 진정한 매력을 느끼기도 전 도중에 하차할 수밖에 없다.

그러므로 테니스 활동을 하면서 경기가 있는 한, 결코 사라지지가 않을 '욱'은 잘못 받아들이면 독(毒)이 되지만 때로는 동기를 부여하기를 하기도 하니 잘 다스리면 좋은 약(藥)으로 쓰일 수도 있다.

구구절절

> 구구절절이란 아흔 아홉 가지 테니스 기술을 터득한 후, 마지막 하나
> 를 익히기 위해 절마다 찾아다니는 안타까운 사연을 일컬음.

　옛날 옛날에 어떤 사람이 주변의 권유로 테니스를
하게 된다. 시작 당시에는 사부에게 의지하여 자신감 넘치는 의욕을
보이며 운동을 우습게 생각하였는데, 웬걸~! 알면 알수록, 시간이 가면
갈수록 어렵고, 사연도 가지가지다. 이거이 이거이~ 참, 여기에서 그만
둘 수도 없고…. 허나, 어느 젊은이는 포기를 하지 않고 각고의 노력 끝
에 결국 99가지의 기술을 터득하는 경지에 도달을 한다.

　그러나 그것이 끝이 아니었다. 99가지의 기술을 가지고 있어도 그걸
무용지물로 만드는 무엇이 있었는데 그것은 마음이 기량을 지배한다
는 것을 알게 된 거다.

　아! 테니스 교본에 없는 기술…
　상하수 모두에게 해당되고, 스스로 터득해야 하는 눈에 보이지 않은 기술.

　마지막 기술…

'공심타법(空心打法)'

마지막 기술을 처방받고 익히기 위해 백방으로 수소문하고 전국의
사찰을 찾아다녔지만 그가 찾는 답은 어디에도 없었다.

샷의 완성은 어쩌면 절이 아닌 우리네 마음속에서 찾아야 하는 것이
아닐까?

화중지병

화가 마음속에 있으면 병이 생긴다

일주일에 5일 동안 일에 시달리면 은근히 스트레스가 쌓인다. 스트레스를 해소하는 방법에는 많은 것들이 있겠지만 주말, 휴일에 코트에 나가 만사 시름 잊고서 즐겁게 운동을 하는 것만큼 좋은 것이 또 있을까?

즐거운 마음으로 게임을 하면서
쌓인 스트레스 시원하게 날리고~

팡~
파방-

하지만, 운동하기 좋은 계절, 즐겁게 운동을 할 수 있는 시간이 오더라도 어깨, 무릎, 팔, 다리, 허리 통증으로 컨디션이 엉망이고, 몸을 가누지 못할 정도의 독감으로 이불 속에서 골골거리며, 또 장기간 낫지 않는 엘보 부상으로 잠시 라켓 놓고 쉬게 된다면 운동 못해 생긴 마음의 병까지 겹칠 수가 있으니 평소에 몸 관리를 잘하여 이 좋은 날에 할 수 있는 멋신 운동을 그림의 떡으로 만들시는 말아야지?

자린고비

> **스스로 인색하여 고비에 대비하라.**

옛날 모 지방에 부자이면서 돈을 쓰지 않기로 이름난 사람이 있었는데 어느 봄날, 그가 자기 집 장독대 앞을 지나다 보니, 쉬파리 한 마리가 된장을 빨아 먹고 있었다.

그가 쉬파리를 쫓자 쉬파리가 날아가는데, 다리에 된장이 묻어 있었다. 그는 쉬파리의 다리에 묻은 된장이 아까워서 견딜 수 없었다.

"이놈, 남의 된장을 왜 묻혀 가느냐? 어서 내놓아라."
그는 이렇게 소리 지르며 쉬파리를 쫓아갔다. 쉬파리가 앉아서 쉬려고 하면, 그가 쫓아오므로 쉬지도 못하고 날아 도망하였다. 이렇게 30리를 쫓아가니, 쉬파리가 기운이 빠져 더 날아가지 못하였다. 그는 쉬파리를 잡아 다리에 묻은 된장을 빨아 먹은 뒤에 놓아주었다.

경기를 본다.

게임 내용은 양 팀이 타이트한데도 스코어는 1-0, 2-0, 3-0, 4-0, 4-1, 5-1…

이렇게 벌어진다.

게임 스코어 5-1 포리 피프틴 매치 포인트!

아! 이긴 팀에서 한 게임 줘도 여유롭겠구만, 야박하게도 경기를 끝내버린다.

부자가 더 무섭다는 생각이 들지만, 한 게임의 추격도 허용치 않을 인색함으로 철저하게 스코어 관리에 최선을 다하는 모습은 어쩌면, 머릿속 한구석에 약간 안주하려고 하는 마음. 방심으로 인한 느슨함이 어떤 변화를 가져올 줄 모르는 대비라고 여겨진다.

인지상정

그 뜻을 찾아보니 '사람이라면 누구나 가지는 보통의 마음, 또는 생각'으로 나와 있다.

먼저 나와 브러시로 코트 면을 고른 후에 라인을 그어 그라운드 컨디션을 최상으로 만들 줄 알고, 새 볼 꺼내 "푸쉿~!" 하고 캔 뚜껑을 딴다면 함께 치고 싶은 마음이 절로 생기지 않을까?

연습을 하면서, 게임을 하면서 한 샷 한 샷에 성의를 다하고 최선을 다한 모습으로 임한다면 그렇게 노력하며, 테니스의 예절을 아는 하수라면 그 하수 나중 보더라도 고수가 먼저 찾진 않을까?

코트에서 인지상정이라 함은…
서로 주고받는 마음이 통하는 것이며 이는 고수라 하여 하수를 마냥 외면할 수가 없음을 말하는 것이다.

초지일관

> **초지일관(初志一貫)**
> 처음에 세운 뜻을 끝까지 밀고 나감.

"이런들 어떠하며 저런들 어떠하리 만수산 드렁 칡이 얽혀진들 그 어떠하리 우리도 이 같이 얽어져 백 년까지 누리리라~"

조선이 개국하기 전, 이방원이 지은 시조이다 일명 「하여가」로 불리는 이 시조는 유연한 삶에 대한 주제로 정몽주의 마음을 떠보기 위한 것이었다.

"이 몸이 죽고 죽어 일백 번 고쳐 죽어 백골이 진토 되어 넋이라도 있고 없고 임 향한 일편단심이야 가실 줄이 있으랴~"

이에 이방원의 「하여가」를 「단심가」로 응하면서 초지일관 군은 절개와 충절의 뜻을 세운다만 이후 정몽주는 선죽교에서 죽임을 당하고 뿌려진 피는 영원히 지워지지 않는 전설을 남기지만 결국, 정몽주가 철퇴를 맞아 죽은 이유는 쓸데가 있든 없든 절개를 세운 왕고집 때문이라는 생각이 든다.

게임 중 득점은 내가 공격에 성공하여 얻을 수 있고, 상대가 에러를 하여 얻을 수도 있다. 득점 찬스는 자주 오는 것이 아니고, 또 찬스 볼은 신중하게 처리해야 하는데 매번 득점하리라 생각하고 강타 일변도나 같은 구질의 샷으로 대응하는 사람들을 본다.

하물며 본인이 서 있는 타구 위치가 베이스라인 후방인지 서비스 라인 근처인지, 네트 앞인지 볼을 보낼 거리나 각도는 염두에 두지 않은 채 또 맞이할 상대 볼의 구질이나 파워 높낮이, 스피드는 생각도 않은 채 어느 위치에서든 초지일관 똑같은 폼, 똑같은 구질, 똑같은 힘을 쓰면서 한방으로 끝장을 보려한다.

"파앙-!"
'out…'

고치기가 힘든 습관성 타구를 보면서 일상에서의 '초지일관'은 지조 있는 모습으로 비춰져 보기가 좋은데 코트에서 게임 중 다루는 볼에 대한 초지일관은 운영의 묘가 없이 답답해 보여 상황에 따라 생각하는 타구를 했으면 하는 마음이다.

심칠기삼

늦은 퇴근. 저녁 9시가 넘은 시간에 저녁상을 받으면서 리모콘 조절은 당연히 내가 알아서 하는 거처럼 채널을 돌린다. 꾹꾹꾹꾹~

2009년 호주 오픈 준결승.
팡-팡-팡-팡-
나달 vs 베르다스코의 남자 단식 준결승전이 티비
브라운관에 땀이 나도록 진행 중이다.

"오매~ 벌써 3세트가 지나버렸네~"

얼마나 치열한 접전이 펼쳤는지 그간 진행된 스코어가 말해준다. 1세트는 타이브레이크 끝에 베르다스코의 승, 2세트 6-4, 3세트는 타이브레이크 끝에 나달 승, 세트스코어 2-1 나달 리드…

4세트 첫 게임부터 눈을 뗄 수 없는 장면들이 펼쳐지는데 하…. 회초리로 콩을 때리듯 쳐대는 강력한 스트로크를 보며 밥은커녕 침 삼키기도 조심스럽다.

자기의 서비스 게임은 단 한 차례도 놓치지 않은 채, 저런 저런~ 아슬아슬하고 팽팽한 접전 끝에 4세트 역시 타이브레이크까지 가는군. 타이브레이크에서 기세등등한 베르다스코가 의외로 쉽게 게임을 가져온다.

마지막 5세트…
두 선수 모두 강력한 서브와 포핸드, 안정된 백핸드, 끈질긴 수비를 보여주며 마치 시소게임 하듯 게임 스코어가 차곡차곡 쌓여간다.
1:0, 1:1, 2:1, 2:2, 3:2, 3:3, 4:3, 4:4, 5:4에서 베르다스코의 서브…

심호흡 끝에 첫 서브를 더블폴트를 한다. 러브 피프틴~ 20구가 넘는 랠리 끝에 빈 곳을 찌르는 나달의 한 방. 러브 서리~ 이어지는 나달의 리턴 에이스. 러브 포리~

'끝났구나…' 했는데 베르다스코의 순간 위기관리 능력, 참으로 대단하다. 두 포인트를 따라 잡아 스코어를 30-40으로 만들어 놓고 전열을 재정비 후 서브를 넣는다.

퍼억~ 하고 네트에 꽂히는 볼 "fault!"
날카로운 주심의 목소리가 첫 서브를 폴트한 베르다스코를 더욱 긴장시켰는지 세컨 서비스마저 "fault"…

"Game over~!"

준결승 5시간 14분의 대접전이 끝나자 반대 편 코트에 서 있던 나달이 긴장이 풀렸는지 그대로 바닥에 누워버린다. 지쳐 쓰러진 나달이 궁시렁대길…

"베. 르. 다. 스. 코. 너무 힘들어… 그래도 결승은 내가 갈게~" 이러는 거 같았다.

'흐음… 세계적인 선수도 결정적인 순간에 더블폴트라….'

그래, 어느 누구든 '心七技三'을 피해갈 수는 없지~

중과부적

옛날에 30대 초반의 어느 분이 테니스에 입문을 하였다. 그 사람은 이 세상에서 제일 재미있는 운동이 테니스임을 알게 되었고, 늦게 알게 된 것을 아쉬워했지만 '이제부터라도…' 하며 정말 열심히 테니스를 배웠다.

운동신경이 어느 정도 작용하였는지는 모르겠으나 그의 기량은 노력한 만큼 일취월장하여 단기간 내에 중급이상의 실력을 갖추게 되었고, 작은 동네 시합에서 비조 우승에 이어 에이 조 우승까지 거머쥔 시간이 그리 오래되지 않았다.

그러나 테니스란 운동. 만만한 게 하나도 없고, 슬럼프에다 부상에다 갈수록 태산, 할수록, 알아갈수록 어려운 것임을 알게 된다. 열심히 해도 느는 거 표도 안 나고 또, 어디에서 나타났는지 전국 도처에는 기라성 같은 고수들 천지…

그는 본인의 실력이 우물 안의 개구리임을 깨닫고 실력 향상을 위해 더욱 정진, 각고의 노력을 했지만 실력은 제자리에서 맴을 돈 듯한 한계를 느끼자 마침내 한 단계 더 높은 기량을 쌓기 위해 첩첩산중 속의 '太高寺'(테니스고수가 되는 절)를 찾게 된다.

그곳의 주지 스님인 테철 스님께 무릎을 꿇고서 각오를 보인 끝에 어렵사리 수련의 승낙을 받기에 이르자, 그는 스님께 소원을 이루게 해달라고 청을 한다.

스님께서 게슴츠레 실눈을 뜨고 아래를 내려다 보며 말씀하시길 "흐음…, 네 소원을 이루려면 부적이 필요하다. 그 부적을 소지하고 다니면 천하 어느 대회에 나가서 백전불태의 실력을 갖추게 되느니라~ 단, 네가 그 부적을 받기 위해서는 수행을 해야 할 여러 단계가 있느니…." 하면서 꿇어앉은 그의 무릎 앞에 가죽끈으로 묶인 네 권의 비서를 툭~ 던졌다.

"할 수 있겠느냐?"
'……'

비법이 담긴 책 이름 '초지일관', '주경야독', '우공이산', '절차탁마'.

그 후 그는 부적을 받기 위해 비법이 적힌 책의 내용대로 춘하추동 각고의 노력을 하였으며 마침내 노스님은 그 실력을 인정하여 부적을 써주게 된다.

중과부적이란 말은 여기에서부터 유래되었으며, 그 의미는 무엇이든

벅차고 힘들다고, 미리 단정 짓지 말고 하는 데까지 해봐야 된다는 뜻
을 담고 있다.

공공의적

> **公共의 敵, 만인이 볼 때 기피하고 싶은 사람.**

1. 게임 중에 습관적으로 잔소리를 하는 자
2. 게임을 노골적으로 가려서 하는 자
3. 풋폴트에 罪 의식도 없는 자
4. 경기 중에 의도적으로 인-아웃 라인 시비를 하는 자
5. 모임에 통보도 없이 참석 또는 불참하는 자
6. 눈비가 온 다음 코트 정리가 끝나면 라켓만 달랑 들고 와서 한 게임 하자는 자
7. 하수 시절엔 조용히 있다가 중급 되면 말이 많아지는 자

公共義賊, 만인에게 이로운 사람.

1. 초보 중급자들을 위해 실전 레슨과 원 포인트 레슨을 해주시는 분
2. 초보자와의 게임을 흔쾌히 승낙하고 게임을 지도해주시는 분
3. 큰 행사에서 본인의 희생으로 봉사를 하면서수고하신 분
4. 모임에서 배려와 양보로 원활한 게임 진행을 도와주시는 분
5. 운동 전후 코트를 정리하여 구장 상태를 최적화로 해주시는 분
6. 정겨운 댓글로 마음을 훈훈하게 만들어주시는 분

나는 어떤 사람이지?

公共의敵일까? 公共義賊일까?

낙장불입

바닥에 한 번 던진 패는 회수가 불가하다는 화투 전문 용어.

상급자처럼 여유 있게 포치를 시도하기 위해서는 포치의 결단은 빠르고 정확해야 한다!

포치의 출발 타이밍은 상대 리시버가 테이크백에서 포워드 스윙으로 전환할 때, 즉 스윙을 시작했을 때이며, 이때는 상대 전위가 움직인다 하더라도 리시버는 스윙 궤도를 원점으로 되돌릴 수가 없다.

그러나 리시버가 리턴 코스를 바꾸기가 아주 어려운 시점이라 해도, 전위의 포치 출발 타이밍이 너무 빠르다면 그 움직임이 상대에게 노출되어 오히려 역습을 당하기 쉬우니 주의가 필요하다.

반대로 포치 타이밍이 조금만 늦어도 포치는커녕 임팩트조차 어렵게 된다. 포치의 타이밍은 한순간이므로 만약 상대를 속이는 동작을 하는 타이밍도 상대 리시버가 스윙을 시작했을 때 하면 큰 효과를 볼 수가 있다.

그리고 비록 포치에 실패하더라도 실망할 필요는 없다.

상대방에게 그만큼 리턴에 부담을 주는 일이니까 실패를 하더라도 시도 자체가 어느 정도 소기의 목적은 달성된 것이 아닐까 싶다.

찬스 포착에 대한 생각은 게임의 흐름과 스코어 등을 감안하여 신중하게 그러나 한 번 칼을 뽑았으면 전광석화처럼 "스팡!"

경고망동

경고망동(警告妄動), 잘못된 행동에 경고를 주다.

벌집을 쑤시면 특히, 말벌이라면 상황이 아주 위태롭게 될 수가 있다.

벌들은 벌집을 그렇게 만들어 놓고 달아나는 표적에 대하여 끝까지 쫓아와서 침을 쏘는데 벌침들이 머리통에 꽂혀 의식을 잃은 채 생고생을 하고 잘못하면 죽음까지 이르기도 한다.

경기 중에 내 볼도 아닌데 어설프게 라켓이 나가는 경우가 더러 있다. 공격도 수비도 아닌 어정쩡한 그 볼. 설 건드러져서 되레 상대에게 찬스 볼이 되어 역공을 당합다.

팡-!

고비에서 별 의미 없는 터치가 벌집을 건드는 꼴이 되어 실점도 하고 맥 풀리게 하여 경기 흐름까지도 바꾸기도 하는데 물론, 반사적인 행동으로 볼 수 있고, 잘하려고 애쓰다 그런 거라고 생각을 한다만 모르고 그랬다면 나중에라도 각자 역할의 범위나 포지션 등, 게임 시 취해야 하는 기본사항은 알아야 한다.

나쁜 습관은 노력에 의해서 고쳐진다.

아무리 즐테라고 하지만 그런 경우까지 마냥 즐테라면 그것은 테니스의 참맛은 아닌 거라고 생각한다.

세대차이

팡팡팡-

코트에서 고수 분을 만나면 여러 면에서 실력의 차이를 느낀다.

볼 파워나 스피드의 차이를 느낄 때, 한 대 얻어맞은 느낌이 들며 공수 전환 시 타구의 강약조절, 에러 없는 정확성에 두 대, 안정감과 노련미의 차이에,
석 대…

고수와 하수의 차이는 비단, 석 대뿐만은 아니겠지만 조금이라도 세대 차이를 좁히기 위해서는 부단한 노력밖에 없다는 생각을 해본다.

결초보은

신호대기 중에 파란 불을 기다리는데 앞차의 뒷유리에 붙은 큰 글자의 고사성어가 눈에 확 들어온다.

초보운전자라면 의무적으로 붙여야 하는 초보운전 스티커에 '결초보은'이라는 고사성어가 붙어 있고, 그 하단에 작은 글씨의 해석이 "이 은혜 다른 초보분들께 꼭 갚도록 하겠습니다" 이렇게 적혀 있다.

'풀을 묶어서 입었던 은혜에 보답한다'는 뜻의 고사성어가 '운전 중에 내가 받은 양보와 배려를 은혜로 알고 나도 저렇게 하겠노라'라고 하는 초보운전자의 의지가 풋풋한 웃음을 주니 재치와 유머 그리고 그 안에 품은 따뜻한 마음까지도 전해진다.

대다수의 사람들은 운전대를 잡으면 신경이 다소 예민해지고 주행 중에 비-매너의 운전자를 보면 눈살이 찌푸려지기도 하는데 이것을 본 뒤 차량의 운전자는 미소를 지으면서 앞차를 배려하고픈 마음이 저절로 생기고 그 자신의 마음도 푸근해지지 않을까?

이 운전자의 마음이 나중에 주행거리가 쌓여 베스트 드라이버가 되더라도 초심을 잃지 않기를 바란다.

＋　◆　＋

　　이런 상황은 테니스를 배우는 과정에서도 비슷하게 생기기도 하는데 테니스 입문자들이 독학이나 레슨 후에 코트에서 상급자의 배려가 없으면 실상 실력 향상 속도가 느릴뿐더러 클럽활동에 적응하기 힘들어 고민하기도 한다.

　　그러다가 실력이 조금씩 향상되기 시작하면 본인이 처음에 상수에게 은혜를 입었던 그 시절을 망각하고 게임 중에 어떤 상황에 봉착했을 때 파트너 탓을 하면서 한마디 주의를 주거나 잔소리를 하기 시작한다.

　　'결초보은'이 초심을 잃어 '배은망덕'으로 변하는 순간이며 그 사람의 인성이 드러나는 순간이기도 하다.

　　초보 운전자의 마음이 담아진 '결초보은'이란 스티커는 차 뒤뿐만 아니라 테니스장 잘 보이는 곳에 붙어 있어도 잘 어울릴 것 같고 초보자들에게는 교훈으로 삼아도 좋을 것 같다.

석고대죄

석고대죄(石膏大罪): 복식 경기 중에 상대가 리턴을 할 때 편안한 마음으로 타구를 하도록 전위 플레이어가 네트 앞에서 석고상처럼 굳은 자세로 있으면 큰 죄가 됨.

전위로서 상대방 리터너에게 압박감을 주는 방법은 여러 가지가 있다.

1. 상대의 리턴이 자기 쪽으로 왔을 때 백보드처럼 상대에게 돌려주 거나 공격한다.
2. 상대의 크로스 리턴 볼을 포치나간다.
3. 상대의 웬만한 로브는 하이발리로 처리해 주고 가능하면 스매시 로 처리한다.
4. 가끔은 좌우로 Fake(속임동작)을 쓴다.

나는 상대 리터너에게 압박감을 줄 수 있는 전위의 행동 중에서 대체 몇 가지나 행하고 있을까?

전위의 역할이 이리도 중요한데 네트 앞에 마냥 서서 검문검색 한번 없이 볼을 통과시켜서는 안 될 일. 고로, 아무 생각 없이 라켓 들고 자리만 지키는 것은 석고대죄의 자세임을 알아야 한다.

정당방위

정당한 이유가 있는 방위를 말함.

옛날에 현역 복무가 어려운 장정들에게 병역 대체요원으로서 단기사병의 신분으로 국방의 의무를 다하게 하는 방위(현재의 공익근무요원)제도가 있었다.

당시에는 현역과 방위의 판정은 신체적인 결함 유무, 학력, 가정환경(3대 독자, 생계유지 곤란) 등 병무청의 심사 기준이 있었던 거 같다.

때로는 그 기준을 모호하게 악용해 자칭 로열 패밀리의 자식들과 특정 직업에 종사하는 자들의 병역특혜 시비로 매스컴에 뉴스거리로 오른다 치면 방위는 다 그런가 싶어 도매금으로 넘어가는 선의의 피해자들도 있었으리라.

솔직히 말한다면 대다수 현역 판정자들에게는 방위 판정은 부러움의 대상이었는데 그 이유는 무엇보다도 구속 없는 자유스러움과 짧은 병역 기간이 아닌가 한다.

봄에 소집되어 가을에 소집해제를 하는 6개월 방위도 있었으니 현역이었던 나도 그것이 부러우니까 휴가 나와서 방위 친구들을 만나면 우스갯말로 비하하면서 힐난의 수위를 높였던 것 같다.

그렇다면 그런 부러움의 대상자인 방위는 어떤 일을 할까? 나름 역할은 톡톡히 하는 것 같은데 방위를 우습게 생각하는 사회적인 분위기로 인해 그들도 되도록이면 말을 아끼는 것 같다.

오죽하면 북녘 땅 김일성이 집에서 출퇴근을 하는 방위들의 가방 속에 무엇이 들어있는지를 몰라서 남침 도발을 주저할 수밖에 없었다 하던가? 다행이도 가방 속에 도시락이 든 걸 몰랐구나~

어쨌건 그들이 있었기에 동사무소의 민원 처리가 다소 빨라졌고, 軍 위병소 앞이 깨끗하게 청소되었으며, PX에서 군납 상품들이 제대로 정리되어 사병들에게 공급될 수가 있었다.

현역은 현역대로 조국 수호를 위해서 맡은바 근무를 다 했겠지만 방위는 방위대로 어느 위치에서 당당히도 한몫을 한 것은 사실이다.

코트에서 내 실력이 한참 부족하여 경계가 좀 허술해도 라켓 들고 네트 앞에 서 있는 자체만으로 상대에게 부담이 된다면 나는 정당방위!

결코 무시해서는 안 될 존재라는 생각이 든다.

자원봉사

> **자원봉사: 스스로 원해서 봉이 되는 사람을 일컬음.**

유료 코치 선생님도 아닌 사람이 코트에서 자기 시간을 뺏겨가면서 초보자들을 지도해준다는 것은 쉬운 일은 아니다.

연습구로 스트로크 연습, 게임 레슨, 원 포인트 레슨.

어느 상수 분이 초보자를 위해 희생하는 것은 봉황(鳳凰)의 고귀한 뜻을 실현하는 것과도 같다.

난중일기

> **난중일기 : 나중에 쓰는 일기**

　테니스 게임.

　경기마다 긴장감이 도는 팽팽한 접전 속에 진땀이 흐르고 일진일퇴의 공방전이 한산도대첩, 명량해전, 노량해전의 난중(亂中)과도 같구나.

　고비에서 쉬운 볼 처리의 실수로 아쉽게 진 경우나 또 많은 게임 중에 이긴 게임보다는 패한 게임이 많을 때는 아쉬움 탓인지 그 기억이 한참을 머문다.

　'아…'
　'그때 그랬더라면…'

　게임 후 반성…
　머릿속에서 떠나지 않는 아쉬움의 기억들은 게임 복기를 통해 패배의 원인분석으로 이어지고 더 노력해야 할 이유가 생김으로 실력 향상에 큰 도움이 된다.

중구난방

중구난방(中球難防): 볼을 가운데로 보내면 상대가 방어하기 곤란하다.

---

1. 센터가 약점인 이유
   - 양 사이드에 빈 공간이 생긴다.
   - 상대의 콤비네이션 플레이를 흐트러뜨릴 수가 있다.
   - 센터에서 처리하는 샷은 각도를 만들기가 어렵고 패싱도 어려워
     진다.
   - 네트의 가장 낮은 곳을 통과하기 때문에 공격하기 위한 준비 샷
     으로 가장 안전하다.
2. 센터로 볼이 오면 두 사람 중 우선권은 앞에 있는 사람에게 있다.
3. 전위에 있는 하수는 센터 쪽으로 볼이 오면 본인이 하수라 하더라
   도 적극적으로 처리해야 한다.
4. 센터로 온 볼은 원칙적으로 볼이 날아온 곳에 있는 사람이 처리
   한다.

네트 앞에 발리 자세를 하고 서 있는 상대 팀 센터를 공략하면 상대
의 수비에 의해 막힐 때가 많지만, 때로는 상대의 라켓끼리 부딪치게
만들기도 하고, 때때로 그냥 통과도 되니 참으로 효과적인 공격 방법이
라 하겠다.

팡~!

슈웅-

삼한사온

삼한사온(三寒四溫).

우리나라 겨울철에 나타나는 기온의 변화현상으로
3일은 추운 날이, 4일은 따뜻한 날이 주기적으로 이어진다는 기온변
화의 7일 주기를 말하지만,

테니스에서는 게임 시 상대와 랠리를 주고받을 때
상황에 따라 강타와 연타, 구질 변화를 적절하게 시도하라는 뜻으로
쓰임.

요즘 우리나라의 겨울 날씨를 보면 지구 온난화로 인한 이상기온으
로 삼한사온의 법칙이 깨져버린 것 같다.

지난해 성탄 한파가 찾아온 이래 연일 밤낮없이 기온은 영하 속에 머물
고, 3일도 춥고, 4일은 더 춥고 그래서 삼한사한이란 신조어가 생겼다나?

추운 날이 되면 인체가 반응을 하게 되고
계속해서 이어지면 인체도 거기에 맞게 대비를 하게 되어 있어 추위

에 서서히 익숙해질 것이다.

테니스에서도 상대가 변화 없이 시종일관 같은 패턴으로 볼을 보내면 처음엔 어려운 볼이었을지언정 차츰 상대를 읽어가고 스타일을 알게 되어 대응하기가 훨씬 수월해진다.

나의 볼에도 변화가 없다면 상대 또한 나의 수를 금방 읽어내겠지?

갈팡질팡

> 타구 때마다 라켓에 볼이 닿은 느낌이 달라서 감을 잡기 어려운 포핸드
> 스트로크 상황을 말함.

팡팡팡~

파앙-

30여 년 넘도록 라켓을 잡았지만 포핸드스트로크가 어려운 것은 아직도 여전하다 입문 후 첫 레슨 때도 포핸드스트로크부터 시작하고 숙달하여 당연히 포핸드가 백핸드보다 쉬울 거라고 생각했는데 어떤 연유인지 몰라도 테니스를 알아갈수록 점점 더 어렵게만 느껴진다.

벤치에 앉아서 랠리를 지켜보는데 초보나 고수나 할 것 없이 대다수의 사람들은 포핸드스트로크 위주로 치는 것을 보면 이것은 객관적으로 보더라도 포핸드가 쉽고 편하다는 것인데, 왜 백핸드보다 포핸드스트로크가 어렵다고 말하며 나 역시 그렇게 느껴질까?

어느 지도자 말처럼 신체구조나 원리상의 문제가 근본적일 수도 있지만 초보 시절에는 리턴에 급급하다 보니 미처 느끼지 못한, 아니 느낄 수가 없었던 볼의 컨트롤에 관한 중요성이 중급 정도의 수준에 이

르다 보니 이제는 타구 시 방향, 거리, 높이, 속도 파워 등을 따지게 되고 타구 후 스윙 감각에 따라 느낌이 달라지니 만족의 편차가 욕심을 낳고 고민으로 남게 되는 것이라 생각된다.

이러한 포핸드의 어려움을 해소하는 방법은 신체 구조나 원리상 등 과학적인 근거를 두고서 볼을 다루는 요령을 터득하고, 또 볼에 집중하는 것이나 리듬, 템포, 타이밍에 맞춰 임팩트했을 때 본인이 느껴보는 최상의 타구감을 찾는 것이 아닐까?

결론적으로 갈팡질팡, 들쑥날쑥한 포핸드스트로크를 줄일 수 있는 일이란 감각을 찾는 노력과 그 감각을 지속적으로 유지하는 노력밖에 없다는 것을 말하고 싶다.

우왕좌왕

복식 경기를 하다 보면 코트를 종횡무진으로 누비는 분과 파트너를 하여 게임을 할 때가 있다.

물론 나보다 상수이고 움직이는 반경이 넓어서 그런 행동이 나오겠지만 실력 차이보다는 그 사람의 성격이나 습관에서 기인된 것이 더 크지 않을까 한다.

이런 상황도 벌어진다.
내가 서 있는 방향으로 상대의 리턴 볼이 날아오는데도 재빠르게 나에게로 와서 그 볼을 건들어서 결정도 짓지 못하면 우리는 한 곳으로 몰려 있어 상대는 여유롭게 빈 곳으로 득점타를 보낸다.

파앙-

우스운 건 실점의 원인이 마치 내게 있는 양 "거기에 가만히 서 있으면 어떡해요~ 빈 자리를 막아야지!" 그렇게 어이없는 멘트를 날린다.

네 볼은 당연히 네 볼이고 내 볼마저도 네 볼…

나의 파트너가 "마이~! 마이 볼~!" 외치며 혼자서 코트를 누비면서 우왕좌왕해버리면 나는 코트의 어디에 서 있어야 하나…?

나의 파트너는 차라리 단식을 하지 이 볼 저 볼 좌지우지하면서 왜 날 우왕좌왕하게 만드는 걸까?

미사여구

> **미사여구(美辭餘球): 파트너의 진심 어린 격려가 여유로운 볼을 만든다.**

일반적으로 본인이 하수라고 생각하는 사람들은 무개념이거나 무 대포 정신으로 무장하지 않는 한,

어떤 샷을 치더라도 순간순간 많은 생각과 부딪히며 적잖은 부담을 안고 게임에 임한다.

게임 중에 습관적인 잔소리로 긴장감을 주는 것과
격려로서 마음을 편하게 해주는 것 중 어느 것이 더 현명한 처사인지?

복식 경기 중 꼭 필요한 미사여구 몇 개 모아본다.

nice set up~
good
no problem!
와우~!
괜찮아~

동상이몽

테니스 입문 후,

코트에서 5년 동안 갖은 수모와 애환을 겪으면서 절치부심 노력 끝에 완도군 춘계 연합대회에서 A조 우승을 했던 1995년 어느 늦은 여름날.

나의 전철을 밟듯이 수개월 동안 레슨을 받아온 동네 선배 한 분이 아직 초보 딱지를 떼지는 못했지만 서서히 게임에 재미를 붙여 오후 3시만 넘기면 저와 순위를 다투듯 테니스장을 찾는다.

"아따~ 동상은 부지런도 하네~"
"그랗게 겁나게 빨리 늘어 불제이~"
"어이~ 사람들 오기 전에 우리가 코트를 깨까시 정리해불세~"
"네~ 그러지요~!"

코트 두 면을 브러시 하고, 라인 긋고 말끔하게 정리를 한 후 A코트에서 둘이 땡볕 아래 몸 풀기 랠리를 한다.

팡~팡~팡~!
4시가 훌쩍 넘은 시간. 고수 두 사람이 큰 가방을 메고 등장을 하니 반가움에 인사를 나누는 초보 선배님 눈빛이 확 달라진다. "어서 옷시 요이~"

두 분이 입장하여 네 사람이서 랠리를 한참 한 후 제가 "한 게임 하시죠~"라고 말을 하니 두 분 중 한 사람이 몸이 안 풀린 핑계를 대며 랠리를 더 하자고 하면서 게임 제의를 거절하네.

하수들은 고수와 한 게임하고 싶고, 어느 고수는 하수 낀 게임은 어쩐지 좀 그렇고. 아하… 한 편에 초보가 있으면 게임은 재미없는 법.

네 사람의 엇비슷한 전력을 맞추기 위해 또 다른 고수가 올 때까지 랠리를 하며 기다리는 거 같구먼.

몸이 확 풀릴 만큼 볼을 오래 쳤는데도 아직도 플레이를 안 하니 게임에 대한 기대만 잔뜩 부풀린 채 영문도 모르는 하수 선배님이 내게 말한다.

"어이~ 동상~! 껨은 안 하고 계속 난타만 쳐?"
"이것이 머시 당가~"

'이몽입니다.'

불로소득

불로서 소득을 올리는 일.

팡팡팡-!

레슨을 하다 보면, 몸이 열이 나기 시작한다.

강도가 높아질수록 서서히 가열된 몸은 노력의 결정체를 만든다.

고수님의 멋진 폼과 파워 볼, 명품 샷은 거저 만들어지지 않는 것.

온몸 흥건히 적신 비지땀의 보답이다.

난공불락

> 위로 난 공은 즐겁지가 아니하다.

파앙-

네트 너머로 강한 타구를 보냈는데 네트 위를 한참 떠서 날아가는 볼은 아웃 되기 십상이다.

네트를 사이에 두고 상대와의 발리 접전.
팡팡팡-

상대 샷은 레이저 검처럼 쭉 뻗어 나에게 직선으로 날아오는데 내가 상대에게로 보내는 볼은 어중간이 떠버려서 상대가 찍어 누르듯이 공격을 한다.

난 공으로는 상대의 철통같은 수비벽을 뚫지도 못하고 오히려 역공만 당한다.

일석이조

우리 클럽에 구력도 짧고, 코트에도 자주 나오지 못하는 초보 회원이 있는데 요즘엔 게임도 곧 잘하고 더 잘하기 위해 노력하는 모습도 좋아 보이고, 서서히 테니스의 매력에 빠져드는 거 같다.

이 분 게임하는 것을 지켜본다. 네트 넘어오는 볼 맞받아치며 분주히 움직이는데 플랫 성 타구의 포핸드, 백핸드스트로크가 가다가 멈춰버린다.

저런~ 폼이 저 상태로 굳어지네?
안전하게 넘겨주려고만 하는 밋밋한 스윙에 네트를 넘어가는 볼도 'Nassau No 1' 로고가 보일 듯~

왜 저런 스윙이? 나도 게임을 하다가 저러지 않나? 하는 생각도 들면서 그건 아마, 팔로스루를 끝까지 해주면 힘이 더 들어가고 그러다 보면 아웃되는 염려 때문에 그러지 않나 싶다.

야구에서 정통파 투수들이 직구를 던질 때 볼을 자신 있게 끝까지 뿌려서 던지면 볼 끝이 살아서 타자에게 위협적인 볼이 되듯이 테니스도 임팩트 후 빠른 스윙, 팔로스루를 끝까지 해주는 자신감 있는 스윙

만이 볼 끝도 살고, 아웃 확률도 적은 일거양득이 된다.

호주 오픈 테니스대회를 중계하는 해설자의 말이 머리에 떠오른다.

"어떤 상황이든 찬스 볼이 오면
실패를 두려워하지 않고 자신 있는 스윙을
할 줄 알아야 합니다."

적반하장

복식 게임 중 빈번하게 일어나는 경우다.

내 파트너의 잘못으로 인하여 상대편에게 생기는 득점 찬스.

기회를 잡은 상대의 공격자가 나의 발목을 향해 강력한 샷을 구사하는데 속수무책. 그냥 서서 볼을 통과시킨다.

러브 피프틴~

찬스 제공자는 파트너인데 마치 내 실수로 수비를 못 해 실점을 한 거처럼 보여 괜히 미안한 마음이 든다.

파트너에게 찬스 볼이 왔는데 어정쩡한 공격으로 결정을 짓지 못하자 곧바로 상대편의 역습 볼이 제 곁으로 패싱된다.

슝-

러브 써리~

파트너가 은근히 책임을 떠넘기는 애매한 표정으로 날 쳐다본다.
'이거이 무슨 경우?'

적반하장 유분수에 헷갈리는 뒤통수라…

백팔번뇌

> 포백핸드 포워드스윙, 발리 스매시 등 각 샷마다 스윙 108 번씩 머리에 새기는 이미지트레이닝.

연습 스윙.

거울 앞에서 라켓을 쥐고 가상의 현실을 만들어 공격도 하고 수비도 해본다.

스플릿 스텝에서 좌우상하로 뻗어보는 빈 스윙, 포, 백핸드 그라운드 스트로크, 슬라이스, 발리, 스매시. 이마에 흐르는 땀. 가슴팍에도 송글~ 맺힌다.

기량 향상에 도움이 된다지만 빈 스윙은 무료하고 재미가 없다. 그러나 샷의 완성도를 높이고, 올바른 동작이 몸에 배이게끔 습관을 들여야 실전에서 무의식중에 그 동작이 나오기도 한다.

각 샷마다 정성 들인 108번의 빈 스윙과 함께 온갖 잡념을 날려버린다.

붕-부웅~
붕붕붕~

죽마고우

테니스 복식 경기에서 서로의 마음이 어떻게 전달되고 느끼느냐에 따라 팀 전력에 미치는 영향이 아주 크므로 파트너십은 참 중요하다.

한 경기, 득점과 실점이 반복되는 접전 속에서 기량에 맞게 대처하는 적절한 역할 분담.

좋은 팀 을 이루면 경기가 끝난 후 승패의 결과를 떠나서 게임의 만족감이 높아져 흐뭇해진다.

서로 죽이 맞으면 당연히 잘 가기 마련이다.

그러게,
코트에서 좋은 파트너를 만나면 오래된 친구, 죽마고우 같다.

지피지기

적의 형편과 나의 형편을 다 자세히 앎.

유래는 손자(孫子)가 저술한 《손자》의 모공 편(謀攻 篇)에 나온 가르침으로써 테니스에서 상대를 알고 나를 앎으로서 상대와 실력이 비슷할 때나 실력 편차가 있다 해도 각기 상황에 맞게 응수가 수월해지는 요령이 생겨 게임을 풀어나가는 데 큰 도움은 될 것이다.

코트에서 나보다 몇 수 위인 고수를 만났을 때 그 고수의 주 무기가 무엇이며 구질이나 볼의 파워 스피드 등 내용을 안다면 내가 그 볼을 맞이했을 때 내 능력에 맞게 효과적인 대응을 하자는 것이다.

상황을 만들어 보자면…

내가 상대에게 타구를 하고 다시 돌아오는 상대의 반구를 치려고 다가서는 동작을 리듬이라고 표현한다면 볼을 치려고 스윙하는 모든 동작의 속도를 템포라고 하며 템포는 곧 속도이다.

스윙 스피드를 낼 수 있는 자신의 스윙 템포를 안다면 스윙 속도를 빠르게 할 것인가, 느리게 할 것인가를 염두에 두고서 상대 볼의 스피드에 맞게 힘의 세기를 조율을 해야 한다.

평소 나의 스윙 최고 속도가 150㎞/h인데 경기 중에 욕심을 부려 한 방에 에이스를 내려고 200㎞/h 속도로 무리한다거나 마찬가지로 상대의 서브나 스트로크의 파워, 볼의 스피드가 당신이 보유한 실력보다 월등히 앞선 데 이에 맞서려고 하면 템포는 이미 무너진 거고 당연히 게임도 흔들리게 된다. 그러므로 내 실력에 맞춰 자신의 템포를 유지하는 것이 매우 중요하다는 말이다.

그러므로 자신의 스윙 속도를 알고 템포를 유지한다면 늘 흔들리지 않는 스윙이 되고, 설령 고수와 실력 차가 있더라도 나름 효과적으로 대처할 수 있는 방법을 찾을 수가 있는 것이다.

뱁새가 제 보폭을 밟으면 결코 가랑이 찢어질 일은 없다.

어두육미

> 연어는 머리가 좋고, 야생마는 꼬리가 좋다는 ○○호텔 한식부의 조리
> 지침.

길고 긴 바다의 여정을 마치고 산란을 위해 자기가 태어난 곳을 찾아가는 회기 본능의 연어 떼. 자연 다큐 프로그램에서 거센 물살을 헤치고 강을 거슬러 올라가는 모습을 보고 있노라면 경이로움마저 생긴다.

강을 오르다가 높은 곳에서 내려오는 만만찮은 물살의 저항에 좌우로 몸을 비틀어 점프하는 연어를 보면 네트로 대시하여 전위 플레이를 하는 발리어처럼 느껴진다.

드넓은 초원을 누비는 질주 본능의 야생마들…
뒷다리 근육 실룩실룩 말갈기 휘날리며 꼬리 흔들며 열심히 뛰어다니지만 어쩐지 코트에서 쫓기듯이 좌우로 바삐 움직이는 수비자를 연상케 한다.

물살을 거슬러 올라가는 연어와 바삐 뛰는 얼룩말. 각자가 볼을 치는 스타일대로 또는 게임이 전개되는 상황에 맞게 움직이겠지만 그래

도 네트 앞 발리 샷이 상대를 압박하고 득점 찬스를 만드는 데 조금 더 효과적이라고 생각된다.

더욱이 간결하게 처리되는 멋도 손맛도 더 나는 것 같다.

두문불출

> **두 개의 문이 있음에도 밖으로 나가는 일이 없다.**

테니스 경기는 동네 클럽의 친선경기에서부터 월례대회, 춘추계대회, 반경을 조금 더 넓혀 지역별로 연합회장배, 구청장 배 등이 열리고 혹한기를 빼놓고 셀 수도 없이 많은 전국 규모의 남녀대회 ○○배, ××배 타이틀을 걸고서 전국 각 처에서 열린다.

또 요즘에는 온라인 테니스 카페 활성화로 인하여 전국 규모의 오프 모임까지 활발해지면서 동네 클럽을 벗어나 각 처 여러 사람의 다양한 볼을 접할 기회도 많아졌다.

테니스를 하는 목적을 보면 동호인들의 활동 지역은 크게 두 개의 구역으로 나눠진다.

전국대회 입상이 목표인 분들은 목표를 이루기 위해 아주 체계적으로 노력하고 또, 대외적으로 활동을 하면서 기량 향상과 높은 안목을 키워나가지만 이에 반해 클럽을 벗어나지 못한 분들은 이대로 즐기는 것에 만족하면서 동네 클럽에서만 목소리가 큰 자칭 고수인데 외부에서 클럽을 방문한 고수가 나타나면 경기를 할 때 실력이 비교되고, 차이를 느낌으로써 그제야 비로소 본인의 현주소를 실감하게 된다. 또 어쩌다가 큰맘 먹고 큰 대회에 출전을 해보지만 위로 층층이 고수분들이 포진되어 있는 전국대회에 예선 통과가 만만치 않음을 알게 된다.

외풍을 맞아 봐야 강해진다.
이러한 연유로 두문불출은
정저지와가 될 수밖에 없다.

경천동지

> **하늘도 놀랄 정도 좋은 파트너를 말한다.**

동네 클럽 춘계대회.

준결승전에서 객관적인 전력이 우세한 팀과 만났다.

치열한 접전인데도 어쩐 일인지 노에드에서 번번이 게임을 잃어 스코어는 어느새 0:4로 벌어진다.

아마 우리 팀이 응집력이 부족한 탓이겠지?

그래도 곁에 있는 파트너와는 미소로 화답하며 격려하면서 마음속으로 화이팅을 외친다!

게임 스코어 0:4, 15-40… 한 포인트 얻어서 오대빵으로 승기를 굳히려는 상대 팀. 힘이 잔뜩 들어간 포핸드로 제 세컨 서브를 강타! "픽~!" 하고 네트에 박혀 30-40.

끝장을 보려는 마음이 앞서는지 연타 에러에 40-40 듀스… 노에드에서 또다시 리턴 에러로 한 게임을 내준다. 한 게임 겨우 얻어 피박 면했는데.

상대 팀 상급자의 주문이 시작되고, 건성으로 고개를 끄덕이는 상대 파트너. 상대 팀의 흔들림이 포착되면서 순식간에 좁혀지는 게임 스코어 2:4, 3:4, 4:4 타이, 우리 팀은 잘도 따라간다.

테니스 복식의 한 경기.

파트너와 호흡을 맞춰가며 30~40분 함께한다. 승패를 가르는 짧은 시간이지만, 파트너를 경직되게 하는 것보다 편안한 마음 상태로 해주는 것이 상대가 갖고 있는 기량을 최고조로 이끌어 내는 영리한 방법이라 생각된다.

좋은 파트너십은 죽어가는 볼도 살려내고, 쓰러지는 스코어도 일으켜 세우고, 패색이 짙어가는 게임도 역전을 가능케 하는 보이지 않게 작용하는 힘이 아닐까?

이런고로 나는 나이스 파트너를 '驚天同志'라고 부른다.

일거양득

 오래간만에 설레는 마음으로 코트에 나가서 반갑게 맞이하는 클럽 회원분들과 한 게임을 하였다.

 나의 파트너는 구력 5년 차 클럽 내 중급.
 상대는 클럽 내 자체 평가 초급고수 두 분.

 게임 전에 운동감각을 잃은 지가 오래라서 초급고수 중 한 분과 파트너하길 청했더니 구력에 대한 예우인지 아니면 나를 상대로 그동안 갈고닦은 실력을 가늠해 보고 싶었는지는 모르겠으나 어쨌건 간에 클럽 내 중급 정도 되는 분과 파트너를 하여 게임에 임한다.

 경기 시작과 함께 눈에 들어오고, 느껴지는 상황들을 보자면 상대 초급고수들이 의욕에 넘쳐 힘 실린 샷들이 난무하는데 기량이 점점 퇴보해 가는 나와 그동안 꾸준한 노력을 한 자신들을 비교해 보고 싶어 뭔가 보여주려는 심리적인 작용으로 인해 어깨에 불필요한 힘이 들어가나 보다.

 팡팡팡-
 타구 되는 볼마다 철퍼덕~ 네트에 걸리고, 라인 밖으로 뻗어 나가고,

상대의 에러로 스코어 관리가 저절로 되니 좋긴 하다만 여기까지는 상대의 문제고, 제게도 문제가 생겼음이 김지된다. 그 현상은 상대와 랠리 시에 자신감이 스윙 속도로 나타난다.

상대는 매일 최소 일주일에 세 번 이상 코트에 나와 연습을 하면서 기량을 연마하는데 나는 어떤가? 한 달에 두세 번 정도이니 '이거 게임이 되겠나?' 이런 생각이 들면서 '어렵겠지?, 안 되겠지?' 하고 마음속이나마 미리 지고 가는 상황을 만들어 버린다.

게임 중에 내 속내를 아는지 모르는지 본인의 샷에만 집중하는 파트너의 선전을 보니 미안한 마음이 들면서 속으로 얼마나 부끄럽던지… '최선을 다하자!' 의식을 전환시켜 파이팅을 한다.

짧은 시간 한 게임을 통해 상대와 나의 상태를 보면서 느끼는 바가 있다면 상황을 너무 의식하여 경직된 몸 상태를 만드는 것이나, 스스로 미리 정해버린 상황에 빠져 위축된 마음을 들게 하는 것은 플레이를 하는데 하등에 도움이 되지 않는 것.

한 게임을 하면서
두 가지를 깨닫고 간다.

주객전도

> 사전을 찾아보니 주객전도란 '주인과 손의 처지가 뒤바뀐다는 뜻으로, 사물의 경중(輕重), 선후(先後), 완급(緩急) 따위가 서로 뒤바뀜을 이르는 말'로 나와 있다.

테니스에서 주객전도란 주인과 손님의 입장이 서로 바뀐다기보다는 초보자의 돌발행동으로 인해 순간 상황이 뒤바뀔 때를 말한다.

테니스 복식 경기에서 실력 차가 많이 나는 사람과 파트너를 하여 게임을 하는 경우가 있다.

실력 차가 많이 나는 사람이란 구력으로 따지면 2년 차 이하로 비슷한 또래나 구력자들끼리 흥미 위주의 경기를 즐기는 초보자나 입문 후 레슨을 받았지만 볼을 치는 기술 외에 게임 시 필요한 기본사항(포지션, 위치 선정, 전술 전략에 대한 지식이 없는 상태)을 갖추지 못한 상태의 사람을 말함.

실력 차가 많이 난다 함은 반대로 다른 파트너가 상급자임을 말하며 보통 게임을 상급자가 주도하는 입장에 서므로 포지션의 비율이나 볼을 다루는 비중도 60% 이상 차지한다고 보면 된다.

✦ ✦ ✦

팡팡팡-

파앙~

양 팀이 네트를 사이에 두고서 스트로크 랠리 중이다. 쌍방이 득점을 위해 게임의 주도권을 잡으려고 상대 팀을 압박하거나 빈틈을 노려 허를 찌르거나 타구에 강약 조절을 하면서 타이밍을 뺏기도 한다.

초보자와 파트너하여 게임을 할 때의 포지션은 상급자는 베이스라인의 근처에서 볼을 관제해야 하므로 주로 사선형이다. 그리고 초보자는 네트 앞에 위치하며 행동반경이 다소 제한적이다.

게임 중에 스트로크 랠리는 항상 긴장감이 따르고 서로 집중력을 높여서 볼을 신중하게 다룬다. 초보자는 가끔씩 상황 판단의 미스로 본인이 처리할 수 있다고 생각하여 위치를 벗어나 볼을 쫓아다니면서 진영을 흩트려 놓기도 하는데 이렇게 설쳐대는 상황을 주객이 전도되었다고 한다.

주객전도를 없애는 방법은 초보자들은 앞에서 말한 기본사항을 잘 배우고 숙지하여 게임 시에 적용하는 수밖에 없다. 사안의 경중(輕重)과 선후(先後)를 모르고서 주객전도가 잦으면 얻어 듣는 것은 잔소리요, 잃은 것은 다음번 파트너이다.

✦ ✦ ✦

덧붙이는 말.

일반 사회에서 빈부나 신분의 격차가 있듯이 테니스 세계도 마찬가지로 실력의 차이로 인하여 어느 누구든지 동등한 입장이 될 수가 없음을 알아야 한다. 주객전도란 게임 중에 상황의 흐름을 모르기 때문에 발생될 수도 있는 일이며 교만은 아니더라도 발칙한 약자가 될 수가 있다. 그 발칙함을 없애려면 본분을 망각해서는 안 된다.

'그렇다면 페어로 하는 복식 경기에서 객(客)으로 부르는 초보자의 역할은 아무것도 없단 말인가?' 하고서 반문할 수도 있다.

그렇지 않다. 객(客)의 역할이 굉장히 중요하다. 네트 앞에서 라켓만 들고 서 있는 것만으로도 상대의 후위 플레이어는 그곳으로 볼을 함부로 줄 수가 없으므로 클로스로 칠 수밖에 없어 상대의 공격 루트가 좁아지고 본인이 책임져야 할 볼에 대해 마무리를 잘해주면 전력에 큰 보탬이 된다.

때로는 본인의 서브 때와 리턴할 때 빼고는 네트 앞에서 라켓만 들고 서 있다가 게임이 끝난 경우도 있지만 이는 초보자가 겪어야 할 하나의 과정이며 실력이 향상되면서 자리 이동도 조금씩 생겨나므로 자괴감을 느낄 필요는 없다.

테니스와는 아무런 상관도 없는 용어인 '주객전도'로 게임 중 상황을
표현해 봤다. 이것은 테니스의 기술 외적인 부분에 힘든 경우 중 하나
이기도 하지만 기량 향상을 위한 노력을 하지 않고서는 항상 그 자리
에 머물 수밖에 없음에 대한 주의(注意)이기도 하다.

나중에 그 자리에서 벗어나 상급자의 위치에 서게 되면 또 다른 하
수가 그 옛날 내 자리에서 주객이 전도되는 상황을 보게 될 것이다. 아
버지의 고충은 아버지가 되고 난 후에 알게 되듯이 말이다.

장유유서

> **長이 남긴 서류.**

최근에 조성되는 테니스장은 자연조건에 영향을 거의 받지 않는 하드코트나 인조 잔디코트가 대세지만, 그래도 아직 우리가 밟는 곳은 클레이코트가 많고 대부분은 옥외에 건설되어 있기 때문에 애정을 갖고 코트 관리에 신경을 써야 한다면서 어느 테니스장 관리소장이 코트 관리 지침서를 남긴다.

1. 눈, 비 온 후 클럽의 코트 관리는 순전히 코치 선생님의 몫이라고만 생각하지 맙시다.
2. 테니스장 관리 비품들을(마사토, 모래, 삽, 호미, 체, 소금, 백회, 브러시, 로라, 스펀지 등) 갖춥시다.
3. 비가 오고 나서 군데군데 물이 고여 있거나 젖어 있을 때는 솔질을 삼갑시다.
4. 물이 고여 있는 부분을 대형 스펀지나 걸레 등으로 물기를 제거합시다.
5. 마른 모래를 젖은 곳 중심으로 뿌려 놓고 삽이나 솔질로 면을 고른 후에 롤러를 합시다.
6. 눈을 치운 후에도 마른 모래를 사용해서 구장을 정리합시다.

7. 코트 사용 빈도가 많은 봄, 가을이나 여름에 비 온 후에는 필요량의 소금을 실포해 주며 흙의 입자를 곱게 다지기 위해 로라 사용은 필수입니다.
8. 늦가을에 적정량의 소금을 살포하여 코트 면이 얼어붙는 것을 방지합시다(특히 땅이 얼었다 녹았다 하는 겨울철에는 햇볕이 있을 때만 사용하며 그냥 롤러 후에 공을 치면서 발로 밟아주는 게 좋습니다).
9. 가능한 환경을 생각하여 인력으로 주변 잡초를 제거합시다.
10. 코트 면의 균열은 각 층의 재료와의 접착이나 토양의 안정이 안되었거나 수분이 부족할 때 발생하니 균열 부위에 체로 거른 고운 모래를 뿌리고 염수를 뿌립시다.

클레이 코트 관리. 전국의 코트에 저절로 정리가 된 곳은 단 한 곳도 없다. 궂은 날씨 후 바로 운동을 할 수 있다는 것은 누군가가 먼저 나와서 다른 회원들을 위하여 정리를 했다는 것이다.

테니스장에서는 각자마다 희로애락의 사연들이 생기겠지만, 이유야 어쨌든 테니스장은 살아가면서 우리에게 즐거움을 주는 곳임에는 분명하니 모두가 우리의 낙원인 코트 상태에 대해서는 관심을 가져야 된다고 본다.

일반 회원들이 전문적으로 관리는 못 하지만 백지장도 맞들면 낫다고 눈, 비 온 후 코치 선생님 혼자서 코트를 정리하는 수고도 덜어줄 겸, 합심하여 정리하는 모습은 보기가 좋다.

입문 후 초급자분들도 이런 사실을 알아두면 좋고 볼을 치기에 앞서 코트 솔질, 라인 긋기, 등,,, 코트 관리와 사용에 대한 기본적인 상식을 알고 테니스를 익혀야 할 것이다.

잔돌 하나 없이 매끄럽게 정리된 클레이 코트.
어느 누구든지 그라운드 컨디션이 최상이면 시각적인 기분도 좋고, 샷의 만족도도 한층 더 높아지지 않겠는가?

팡~
파앙-

기고만장

기고만장이란,
奇家네와 高家네 집안끼리 만장일치로 합의한 사항들을 말한다.

이에 대하여 각 집안의 대표가 코트에 나와서 [본문]과 [특별조항]에 서명날인 한 합의서 내용을 공개한다.

- 합의서 -

[본문]

1. 서로 상대방의 인격을 존중한다.
2. 단정한 복장을 갖춘다(테니스복과 테니스슈즈).
3. 자기 주변에 떨어진 공은 자신이 줍는다.
4. 상대에게 공을 줄 때는 받기 좋도록 원바운드로 준다.
5. 담배를 물거나 껌을 씹으면서 코트에 들어가지 않는다.
6. 덥다고 상의를 벗거나 걸어 올려 신체를 노출시키지 않는다.
7. 엔드 체인지(사이드 체인지) 시는 선배나 윗사람에게 먼저 길을 양보한다.
8. 체인지 시 땀을 닦거나 음료수로 목을 축이는 것은 허용되나 너무

오랜 시간을 끌지 않는다.

9. 윗사람과 시합할 때는 항상 먼저 코트에 나가 기다린다.

10. 시합이나 연습 전후에 항상 인사로서 예의를 갖춘다.

11. 심판의 판정에 항의하거나 화를 내지 않는다.

12. 심판의 콜이 없는 한 게임을 계속한다. 심판의 콜이 나오기 전에 "아웃" 또는 "폴트"라고 생각되어도 공을 잡지 않는다.

13. 선수는 심판의 판정에 순응해야 하며, 심판이 실수했을 경우 공의 자국을 찾아 심판에게 공손하게 공 자국을 확인할 수 있게 한다(단, 클레이 코트에서 가능).

14. 시합 중 관중이나 선수는 서브하는 선수 또는 리시브하는 선수에게 소리를 내어 방해해서는 안 된다.

15. 시합 중 공이 움직일 때는 관중은 절대 움직일 수 없으며, 엔드 체인지를 할 때 빨리 이동한다.

16. 네트를 넘어가거나 누르지 않는다.

17. 상대 선수가 준비되었는가를 확인하고 서브를 넣는다.

18. 플레이 중 파트너에게 지나친 잔소리를 하지 않는다.

19. 자기감정을 노골적으로 표출하지 않는다.

20. 관중은 시합하고 있는 선수들이 최선을 다해 경기할 수 있도록 협조한다. 선수의 실수에 대해 야유하거나 박수갈채를 하지 않는다.

21. 부상당했을 때에는 상대방이 오래 기다리지 않도록 스스로의 태도를 빨리 결정한다.

22. 시합의 승패에 관해 자신이 책임진다.

23. 레슨을 받고 난 뒤엔 자기가 친 공은 반드시 자기가 줍는다.

24. 랠리가 끝난 후 서버에게 공을 건네줄 때는 서버에서 먼 사람부터 건네준다. 리시버 후위, 전위, 서비 전위의 순으로.

25. 공을 건네줄 때는 먼저 건네받은 공을 다 받고서 받을 준비가 되어 있는지 확인하고 건네준다.

26. 공은 1~2 바운드하고 서버의 허리 정도의 높이에 부드럽게 가도록 건네준다.

27. 스매시하듯이 공을 주지 않는다. 일반 스트로크 정도가 가장 무난하다.

28. 첫 서브가 폴트일 경우 그 공을 네트 근처에 보내는 경우가 많은데, 어설프게 보내서 공이 네트를 맞고 코트 안으로 굴러 나오는 일이 없도록 주의한다. 공을 밟을 경우 부상의 우려가 있으며, 또한 상대방의 공이 자신의 코트 안에 있던 공에 맞는 경우 상대방의 득점이 인정된다.

29. 랠리 중에 부득이하게 코트를 지나갈 경우, 베이스라인 뒤로 최대한 멀리 빠르게 지나간다. 플레이에 방해가 된다. 랠리가 끝나더라도 코트를 가로지르는 것은 좋지 못한 행동.

30. 에티켓이라고 하기엔 그렇지만, 동호인들 중에 과반수가 풋폴트를 저지르는 것을 모르고 있으며, 대수롭지 않게 생각한다. 뭐 별거 아닌 동네 테니스에서 이런 것까지 따지느냐고 할 수도 있지만, 규칙은 지키라고 있는 것이고, 작은 규칙도 잘 지킬 수 있는 습관을 길러야 한다.

[특별조항]

1. 일주일에 세 번 이상 밴드에 출입할 것!
2. 시간 되면 댓글은 꼭 달 것!
3. 한 달에 두 번 이상 클럽에 나올 것!
4. 일 년에 두 번 이상 월례대회에 참석할 것!
5. 사용 전후 코트 면과 라카 정리를 잘할 것!
7. 게임 전, 후 상대 팀과 인사할 것!
8. 게임 중 스코어나 인-아우트 라인 시비 하지 말 것!
9. 품행 단정할 것!
10. 잘 친다고 건방지게 굴지 말고, 기고만장 으스대지도 말고, 모두 모두가 겸손하고 예의 바르며, 후덕한 마음을 가진 테니스 인이 될 것!

경적필패

게임에 임할 때 마음의 경적을
울리고 있지 않으면 패할 수도 있다.

프로농구에서 최근 4승 1패로 상승세를 타고 있는 LG 감독은 선수들에게 '경적필패(輕敵必敗)'라는 사자성어를 라커룸에 붙여놓고 최하위 팀이라도 "적을 가볍게 보면 반드시 패한다"며 정신 무장을 단단히 시켰단다.

방심은 금물!
LG는 최하위 KTF와 경기에서 긴장의 끈을 늦추지 않았고, 결과는 KTF를 꺾고, 단독 4위로 올라섰다.

테니스 경기 중.

게임 스코어 3대 0, 5대 2 리드에서
순간 느슨해지는 플레이로
상대에게 역전의 빌미를 주진 않았는지?

회구정리

코트에서 말하는 回球整理라고
오는 볼이 있으면
가는 볼도 있느니라

공 하나하나가
어려웠던 시절에는 가까스로 넘기고
미처 넘어가지 않으면 탄식이 거듭되었지만
고난을 극복하여 새롭게 변모하였지

나의 일취월장은 모두의 부러움이었고,
그래서 나의 멋진 샷을
보여줄 수밖에 없었다.

라켓과 마찰 순간
라켓을 떠난 공이 다시 돌아오지 않도록
정리를 잘해서 말이지.

옥의 오덕

옥(玉)의 아름다움은 다섯 가지 덕(德)을 갖췄다.

하나는 윤기가 흘러 온화한 것은 인(仁)의 덕이요,

둘은 무늬가 밖으로 흘러나와 속을 알 수 있게 하는 것은 의(義)의 덕
이요,

셋은 소리가 낭랑해 멀리서도 들을 수 있는 것은 지(智)의 덕이요,

넷은 끊길지언정 굽혀지지 않는 것은 용(勇)의 덕이요,

다섯은 날카로우면서도 남을 해치지 않는 것은 결(潔)의 덕이다.

옥에 대한 찬미가 이보다 더할 수 있을까? 허신의 찬사처럼 옥은 겉에서
도 속을 볼 수 있기에 정의롭다. 겉 무늬와 속 무늬가 다르지 않기 때문이
다. 겉과 속이 같다는 것은 남을 속이지 않고, 언제나 정직하고 정의로움의
상징이다.

『한자 키워드로 읽는 동양문화』, 허영삼, 도서출판3 中

구(球)의 오덕(德).

테니스인이 갖춰야 할 다섯 가지 덕목(德目).

하나. 예절을 중시 여겨 매너 있는 행동과 규칙을 잘 지켜야 하는 것은 예(禮)의 덕.

둘. 끊임없는 노력으로 실력을 향상하고 목표에 도전하는 것은 용(勇)의 덕.

셋. 운동 전후 코트와 라카 그리고 주변을 정리하면서 자비를 베풂은 애(愛)의 덕.

넷. 단정한 복장으로 테니스를 더욱 빛나게 하는 것은 미(美)의 덕.

다섯. 상대의 배려, 양보, 존중, 파트너십, 양심적인 셀프 저지의 성품을 갖추는 것은 인(仁)의 덕이라 한다.

테니스코트에서 존경받는 플레이어로서의 태도는 뛰어난 경기 실력만큼 중요하다.

좋은 매너로 규칙을 준수하고 정의로운 스포츠맨십으로 상대를 존중하고 배려하며, 너그러운 인성을 보이는 행동은 테니스를 즐기는 모든 사람들에게 귀감이 된다.

전화위복

"재앙과 화난이 바뀌어 오히려 복이 됨."

한국여자 선수로는 LPGA 메이저대회인 US여자오픈에서 네 번째로 우승한 지은희 선수. 그녀의 우승 소감이 실린 모 일간지 스포츠면 기사의 헤드카피가 눈에 들어온다.

'마음을 비우는 것이 전화위복이 되었다.'

3라운드까지 선두인 미국의 크리스티 커에게 2타 뒤진 2위로 최종 4라운드를 맞이한 지은희. 10번 홀(파4·244야드)에서 더블 보기를 범하며 우승권에서 멀어진 지은희는 "전날 이 홀에서 드라이브샷을 그린 에지에 올려 버디를 잡았다. 오늘은 너무 의욕이 앞섰다. 벙커에서 쉽게 탈출할 수 있을 거라고 생각했는데 미스 샷이 잇따라 나오면서 더블 보기를 했다. 그런데 이게 전화위복이 됐다. 오히려 마음을 비우고 편안하게 칠 수 있게 됐다"라고 말한다.

테니스 경기 중.

상대 팀과 스코어 차이가 크게 날 때, 마음을 비우면 긴장과 조급함이 사라지면서 오히려 편안한 마음으로 타구를 해본 경험이 없는지?

　멀어져 간 게임을 따라잡는 전화위복의 계기가 마음을 비우면서 마련됐다면 결국, 기량 발휘가 되고 안 되고는 멘털의 문제라는 얘기다.

오리무중

> 오리가 수중에 없음.

코치 선생님이 말하기를 "테니스는 백핸드보다 포핸드가 더 어렵다"라고 한다. 내 생각에는 둘 다 어려운 거 같은데, 그 차이는 뭘까?

어떤 분은 "백핸드는 몸을 감았다가 풀면서 치는 거고, 포핸드는 몸을 편 상태에서 감으면서 치니까 백이 더 편하고 힘주기도 쉬운 거야"라는 말을 하시고, 또 다른 분이 아주 구체적인 설명을 곁들인다.

"스윙의 축이 되는 라켓을 든 팔의 상완(上腕)[위팔, 특히 어깨에서 팔꿈치까지의 부분]이 포핸드는 뒤에 위치해 있고 백핸드는 앞에 위치해 있는 상태라서 포와 백이 다르니 포핸드는 뒤에 있는 상완을 앞으로 보내주기 위한 동작이 필요한데 그게 바로 허리를 이용한 스윙, 어깨 돌림 등이 되는 거고,

이에 반해 상완이 앞에 있는 백핸드는 허리의 움직임도 그다지 필요 없고 오히려 임팩트 전에 허리의 움직임이 있을 시에 축이 되는 상완이 전진 스윙이 되기보다는 사이드 스윙이 되기 때문에 임팩트까지는 허리의 움직임을 극소화시킨 후 체중이동만으로 임팩트하고 난 후 허리의 자연스러운 풀림만 들어가면 되므로 스윙 매커니즘 차원에서도 백

핸드가 더 쉽다"라고 한다.

백핸드가 더 쉽다면서 통상적인 스트로크 랠리는 포핸드 위주로만 하고 서브는 상대의 백사이드로 넣으라고 주문을 하는데, 이건 또 뭐지? 참 아이로니컬하다.

어깨 힘이 들쑥날쑥하여 날마다 감각이 다른 포핸드스트로크는 오리무중과도 같다. 평생 숙제와도 같은 포핸드의 감을 잡는 일은 평소 부단한 스트로크 연습과 경기 전에 웜-업(warm-up) 랠리로 잡는 수밖에 없다고 생각한다.

공동책임

> 코트에서 공동책임이란 게임 중에 '일방적인 귀책사유(歸責事由)는 없음'을 말한다.

파앙-

네트 중앙을 향해 빠른 속도로 날아오는 리턴 볼.

때로는 나와 파트너 사이를 순식간에 관통할 때도 있고, 그 볼 수비하느라고 파트너와 라켓끼리 부딪칠 때도 있고, 순간 움찔하는 서로의 동작으로 말미암아 수비 타이밍을 놓쳐버리기도 한다.

명확한 영역 구분이 없는 곳에서 어설픈 몸짓은 누구 탓이라고 할 수 없는 볼 처리가 되어 실점을 한다. 바꾸어 말한다면, 상대의 멋진 공격이라고 할 수도 있겠지?

게임 중에 나와 파트너 사이를 통과하는 볼에 대해 엉겁결에 라켓이 나가는 경우도 있고, 멍하다 놓쳐버리기도 한다.

패싱을 당한 후 서로 머쓱한 얼굴 마주 보며 '그게 … 내 볼이었나?'

코트에서 경기 중에 발생한 실점에 대해서 잘잘못을 따지고 누구를 탓하기보다는 그 원인과 결과는 공동책임이라고 본다.

우후죽순

비 온 뒤에 여기저기 솟아나는 어린 죽순처럼 비가 그치자 테니스 생각이 온 마음 가득하다.

평소에 비가 오면 그런대로 좋다만, 운동을 할 수 있는 주말이나 휴일에 비가 오면 마음이 급격히 우울해진다.

雨雨雨…

하늘을 처다본다.
빗줄기가 가늘어지면서 그칠 듯한 조짐이 보이면
여기서만 멈춰준다면? 하는 일말의 기대와 운동을 할 수 있는 가능성 때문에 마음이 곧바로 환해진다.

비 개인 후 바쁜 마음 빠른 몸으로 잽싸게 테니스장으로 나와서 서서히 물을 흡수한 다음, 뽀송한 흙과 모래를 뿌린 다음에 솔질하고 하얀 소금으로 속살 보일 듯 살짝 덮어주면 첫눈 밟는 기분이 되어 마음이 설렌다.

스르렁스르렁~ 무거운 롤러 지나가는 자리마다 다리미질되듯 편편하게 코트 면이 퍼지면서 황토색 코트 위로 백색 라인 선명하게 그어지면 운동할 생각으로 주체키 힘든 즐거움이 솟아 입가에 모를 미소가 번지기 시작한다.

팡팡팡-

정리된 코트에서 네트를 넘는 볼을 보며, 귓가에 들려오는 타구음을 들으니 비 온 후 테니스 생각으로 가득했던 마음이 차분하게 가라앉는다.

공방사우

> **공방사우(球房四友)**
> 테니스클럽에서 좋은 친구 네 명.

하나.

실수를 하더라도 상대의 미안함을 품어주는 화선지와 같은 사람.

둘.

화려한 폼은 아니더라도 안정된 샷을 구사하는 먹물처럼 담백한 맛
을 내는 사람.

셋.

어떤 상황에서도 흔들림이 없어 스며들거나 마르지 않고 묵을 잘 머
금은 단단한 벼루 같은 사람.

넷.

누구나 라켓을 쥐면 명필로 다듬어 주는 붓놀림이 왕희지 같은 고수.

송구영신

> **상대에게 보내는 볼이 영 신통치가 않음.**

나의 타구에 문제가 있는 것은 분명 거기에 대한 이유가 있을 터 볼을 제대로 치기 위해서는 아래 10가지 사항을 머리에 새겨두면 좋을 듯싶다.

1. 볼에 집중해라(심지어 공을 새겨진 로고를 본다는 마음으로).
2. 볼을 한 가지로 구질로만 치지 마라(상황에 따라 다르게 플랫, 드라이브, 슬라이스를 적용하라).
3. 서브는 되도록이면 더블폴트를 하지 마라.
4. 절대로 볼을 있는 힘껏 치지 마라(세게 친다는 생각보다는 스윙을 끝까지 해라).
5. 가만히 서 있지 마라.(낮은 준비 자세를 취하면서 몸에 율동을 줘라)
6. 한 볼 한 볼 정성껏 볼을 다섯 번 이상 넘길 때까지 실수하지 않겠다는 생각으로 쳐라.
7. 그립 상태가 찢어지거나, 미끌거리는 상태로 게임에 임하지 마라.
8. 의도적으로 볼을 베이스라인 깊숙한 곳으로 보내라.
9. 프로처럼 치려고 노력하지 마라(본인의 스윙 템포를 유지해라).
10. 어떤 상황에서든지 서둘지 말고 차분한 마음으로 치려고 노력하라.

송구영신(送舊迎新).

지난날에 문제가 있는 것들은 다 보내 버리고 새해에는 이런 사항을
염두에 두고 고질적인 문제를 해소하면서 더욱 정진하여 새로운 모습
으로 거듭나시길 소망한다.